定律研究

——学习定律研究文库

唐 坚 编著

中国原子能出版社

图书在版编目（CIP）数据

定律研究：学习定律研究文库 / 唐坚编著． — 北京：
中国原子能出版社，2020.9（2023.4重印）
ISBN 978-7-5221-0919-0

Ⅰ．①定… Ⅱ．①唐… Ⅲ．①教育科学－规律－研究
Ⅳ．① G40

中国版本图书馆 CIP 数据核字（2020）第 187539 号

定律研究：学习定律研究文库

出版发行： 中国原子能出版社（北京市海淀区阜成路 43 号　100048）
责任编辑： 杨晓宇
责任印制： 赵　明
印　　刷： 河北文盛印刷有限公司
经　　销： 全国新华书店
开　　本： 787 mm×1092 mm　1/16
印　　张： 14.5
字　　数： 269 千字
版　　次： 2020 年 9 月第 1 版　2023 年 4 月第 2 次印刷
书　　号： ISBN 978-7-5221-0919-0　　　　**定　价：** 68.00 元

网　　址： http://www.aep.com.cn　　　　E-mail：atomep123@126.com
发行电话： 010-68452845

前　言

　　定律是一切客观规律的统称，是万事万物运行演化的法则与必然趋势，是亘古不变且重复出现的真理。定律就是事物运动过程中固有的本质的必然的联系，具有普遍性的形式，定律和本质是同等程度的概念。定律具备客观性，它是客观的，既不能创造，也不能消灭；不管人们承认不承认，定律总是以其铁的必然性起着作用。规律就是真理，这个世界任何物质都受规律约束，彼此对立又互相联系。定律不仅是智慧的结晶，也是思维运行后的成果。

　　《学习定律》是对规律的精选分类汇编，参考大学学科门类对规律进行分类，将其分为人文社会规律、哲学规律、自然科学规律、经济管理规律、科学教育规律。每一类不同的规律就有着不同的智慧。哲学规律：哲学是对基本和普遍之问题的研究的学科，一般具有严密逻辑系统的宇宙观，它研究宇宙的性质、人在宇宙中的位置等等一些很基本的问题。哲学定律是解锁哲学奥秘的钥匙，是人类文明、智慧的精髓。人文社会规律：社会，即是由生物与环境形成的关系总和。人文社会规律起源于生活，亦可应用与生活，是社会生活经验的有机总结，是社会行为与人类活动的抽象。熟读人文社会规律能更好理解社会，把握生命的真谛，从而提升自我。自然科学规律：自然科学以定量作为手段，研究无机自然界和包括人的生物属性在内的有机自然界。自然科学是人类文明向前发展的助推器，自然科学规律揭示了自然界发生的现象以及自然现象发生过程的实质，进而把握这些现象和过程的规律性，以便解读它们，并预见新的现象和过程。经济管理规律：我国社会主义市场经济稳定快速的发展，我国各行各业的经济出现了繁荣发展的景象，而在我国社会主义市场经济的快速发展过程中，经济管理工作发挥着举足轻重的作用。经济管理规律是社会经济管理现象间普遍的、本质的、必然的联系，抓住了经济管理的规律才能科学地将其利用为经济管理工作服务。科学教育规律：教育有其自身的客观规律，并不为人们的主观意志所转移，教育工作者只有按照教育规律办事，才能搞好教育。历史经验证明，科学教育规律早在人们认识它之前，就已经存在并起作用了。科学教育规律不仅在于"教"，更在于了解我们人类自身。

　　无论为人处世，抑或是安身立命，我们都可以用《学习定律》去打开通往成功的大门。苏联伟大的革命家列宁曾说过："人的认识不是直线，而是无限地近似于一串圆圈、近似于螺旋式的曲线"。《学习定律》能够帮助我们拉直这些曲线，减少一些成长过程中的弯弯绕绕，让我们人生的道路更加通畅，避开人生中的暗礁，实现自己的抱负。历史的车轮滚滚向前，这些定律、法则、效应都曾风靡全世界，是人类文明的积累，是先哲圣贤智慧的结晶，对于如此珍贵的典藏，我们为何不收入囊中细细品读？

在这个信息爆炸的时代，我们都是追梦的人，在每个人心里，或多或少都会有属于自己的一个梦。要想梦想成真，必须具备丰富的知识、经验，掌握这一领域的规律特点，否则我们只会彷徨不前、坐失良机。这几年，小学、初中毕业当老板的故事越来越少了；而知名企业的掌舵人，像马云、雷军、马化腾，无一不是才华横溢加上刻苦努力，他们在学习掌握了大量知识、定律后，才能够在变化莫测的市场竞争中找准自身定位，创造出巨大的价值。

万丈高楼平地起，一切没有行动的憧憬都是徒劳，梦想就在我们前方，在一个伸手可及之处、看得见的地方，只要认真阅读《学习定律》就一定会有所收获。它将助你拓展人生的格局，丰满人生的羽翼，用这些神奇的法则、定理点亮生活、绽放绚烂的光彩。

"书山有路勤为径，学海无涯苦作舟"，学习这些定律必然是一个相对漫长而又充满挑战的过程。大千世界，芸芸众生，我们在同一片蓝天下，承担着各自的使命负重前行，在这漫漫征程中，我们必将遇到林林总总的人和事，虽然它们看似各有不同，但其实却存在相同的规律、道理，就像循着某种早已形成的轨道不断发展。要想透过现象看本质，我们就应该将《学习定律》一书作为生活中的"启明星"，在探索和运用中照亮前进的道路，为我们的人生增添更多的智慧之光。

目　　录

目 录

第一章

管理定律

1. 卢维斯定理

概念： 谦虚不是把自己想得很糟，而是完全不想自己。

起源： 美国心理学家卢维斯。

案例一： 奥田是丰田公司第一位非丰田家族成员的总裁，在长期的职业生涯中，奥田赢得了公司员工的爱戴。他有1/3的时间在丰田城里度过，经常和公司里的1万多名工程师聊天，聊最近的工作，聊生活中的困难。另有1/3时间用来走访5000名经销商，听取他们的意见。

案例二： 爱立信是一家"百年老店"，公司员工每年都有一次与人力资源经理或主管经理面谈的机会，在上级的帮助下制定个人发展计划，以适应公司业务发展。公司决策者认为，一个企业要保持领先的地位，最关键的是要使员工的整体素质保持领先。

启示： 善于与人沟通的管理者，能用诚意换取下属的支持与信任，即使管理过于严厉，下属也会谅解而认真地执行；不善于与人沟通的管理者，即使命令再三，下属也不愿意接受，其结果必然怠慢工作。

2. 共生效应

概念： 是指一定的参照群体中的人们，在从事日常的劳动、工作和学习时，受到群体中成员的智慧、能力及以往的劳动成果的影响，在思维上获得启发，能力水平得到有效提高的现象。

起源： 对共生现象和理论研究最早是从生物学家开始，1879年德国真菌学家德贝里（Anton de Bery）首先提出了共生的概念。一百多年来，科学研究和社会经济都取得了巨大的进步和发展，对"共生"现象和理论研究已逐渐由生物学领域渗入和延伸到社会学、管理学的许多领域，并已初见成效。

案例： 1968年，保罗·艾伦与比尔·盖茨相遇于湖滨中学，艾伦比盖茨年长两岁，他丰富的学识令盖茨敬佩不已，而盖茨在计算机方面的天分又使艾伦倾慕不已。就这样，他们成了好朋友，随后一同迈入了计算机王国。艾伦喜欢钻研技术，他专注于微软新技术和新理念的创新，盖茨则以商业为主，他一人包揽了销售员、技术负责人、律师、商务谈判员及总裁等职。在两人默契的配合下，微软掀起了一场至今未息的软件革命。

有人说，没有比尔·盖茨，也许就不会有微软，但如果没有保罗·艾伦，比尔·盖茨也没有今天的成就。他们能走到一起，并非偶然，比尔·盖茨说过："有时决定你一生命运的在于你结交什么样的朋友。"换句话说，你与怎样的人交往决定了你的未来。

启示：请与优秀的人在一起，努力加入优秀者的团队，让自己在那个良好的氛围中获得成长。从他们的经历中，你既可以学到成功的经验，也可以吸取失败的教训，这会使你变得更优秀。

3. 海因里希法则

概念：当一个企业有300起隐患或违章，非常可能要发生29起轻伤或故障，另外还有一起重伤、死亡事故。

起源：这个法则是1941年美国的海因里希从统计许多灾害开始得出的。当时，海因里希统计了55万件机械事故，其中死亡、重伤事故1666件，轻伤48 334件，其余则为无伤害事故。从而得出一个重要结论，即在机械事故中，死亡或重伤、轻伤或故障以及无伤害事故的比例为1：29：300，国际上把这一法则叫事故法则。这个法则说明，在机械生产过程中，每发生330起意外事件，有300件未产生人员伤害，29件造成人员轻伤，1件导致重伤或死亡。

案例：某机械师企图用手把皮带挂到正在旋转的皮带轮上，因未使用拨皮带的杆，且站在摇晃的梯板上，又穿了一件宽大长袖的工作服，结果被皮带轮绞入碾死。事故调查结果表明，他这种上皮带的方法使用已有数年之久。查阅四年病志（急救上药记录），发现他有33次手臂擦伤后治疗处理记录，他手下工人均佩服他手段高明，结果还是导致死亡。这一事例说明，重伤和死亡事故虽有偶然性，但是不安全因素或动作在事故发生之前已暴露过许多次，如果在事故发生之前，抓住时机，及时消除不安全因素，许多重大伤亡事故是完全可以避免的。

　　启示： 企业管理者对潜在性事故毫无觉察，或是麻木不仁，会导致无法挽回的损失。

4. 马蝇效应

　　概念： 再懒惰的马，只要身上有马蝇叮咬，它也会精神抖擞，飞快奔跑。

　　起源： 马蝇效应来源于美国前总统林肯的一段有趣的经历。1860年大选结束后几个星期，有位叫作巴恩的大银行家看见参议员萨蒙·波特兰·蔡思从林肯的办公室走出来，就对林肯说："你不要将此人选入你的内阁。"林肯问："你为什么这样说？"巴恩答："因为他认为他比你伟大得多。""哦，"林肯说，"你还知道有谁认为自己比我要伟大的？""不知道了。"巴恩说，"不过，你为什么这样问？"林肯回答："因为我要把他们全都收入我的内阁。"

　　事实证明，这位银行家的话是有根据的，蔡思的确是个狂态十足的家伙。不过，蔡思也的确是个大能人，林肯十分器重他，任命他为财政部长，并尽力与他减少摩擦。蔡思狂热地追求最高领导权，而且嫉妒心极重。他本想入主白宫，却被林肯"挤"了，他不得已而求其次，想当国务卿。林肯却任命了西华德，他只好坐第三把交椅，因而怀恨在心，激愤难已。

　　目睹过蔡思种种形状、并搜集了很多资料的《纽约时报》主编亨利·雷蒙特拜访林肯的时候，特地告诉他蔡思正在狂热地上蹿下跳，谋求总统职位。林肯以他那特有的幽默神情讲道："雷蒙特，你不是在农村长大的吗？那么你一定知道什么是马蝇了。有一次我和我的兄弟在肯塔基老家的一个农场犁玉米地，我牵马，他扶犁。这匹马很懒，但有一段时间它却在地里跑得飞快，连我这双长腿都差点跟不上。到了地头，我发现有一只很大的马蝇叮在它身上，于是我就把马蝇打落了。我的兄弟问我为什么要打掉它。我回答说，我不忍心让这匹马那样被咬。我的兄弟说：'哎呀，正是这家伙才使得马跑起来的嘛！'"然后，林肯意味深长地说："如果有一只叫'总统欲'的马蝇正叮着蔡思先生，那么只要它能使蔡思不停地跑，我就不想去打落它。"

案例：麦当劳公司为激励员工的工作热情，给勤奋上进的年轻员工提供了不断向上晋升的机会。公司规定，表现出色的年轻员工在进入麦当劳8~14个月后成为一级助理，也就是经理的左膀右臂。在这个阶段之后，那些表现突出的一级助理就会被提升为经理，使他们当管理者的心愿得到实现。

麦当劳为了使优秀的人能早日得到晋升，设立了这样一种机制：无论管理人员多么有才华，工作多么出色，如果他没有预先培养自己的接班人，那么其在公司里的升迁将不被考虑。这一机制保证了麦当劳的管理人才不会出现青黄不接的情况，由于这关系到每个人的前途和声誉，所以每个人都会尽一切努力培养接班人，并保证为新来的员工提供成长的机会。这种激励机制正像马蝇一样，使马儿们欢快地奔跑起来了。

启示："马蝇"就是企业管理中的激励因素，若企业管理者能找到合适的激励因素，就能让能力突出的员工卖力工作。有正确的刺激，才会有正确的反应。

5. ABC 法则

概念： ABC法则指新业务员在零售，发展过程中，因对产品，制度，公司尚不熟悉，需要透过有经验的业务指导辅导，而达成零售与发展的目的。

起源： ABC法则（A、Advisor 顾问、专家；B、Bridge 桥梁；C、Customer 客户）就是A、B、C之间的关系法则，逻辑思维不强的人可能会犯晕。其实，行业ABC法则中的C是保荐对象，B是保荐者，A则是保荐者借力的对象。借力的对象可以很广泛，各种说明会及其主讲者、公司的形象代表等。在这种ABC的关系中，C角色代表的是需求，A角色代表的是希望，B角色代表的则是一座桥梁。B的作用就是在C需求与A之间架起一座桥梁，使两者达成充分的沟通，帮助C的需求找到实现的希望。从这个原则出发，B可以根据C的不同需求，借助不同的A的力量。A、B、C之间的关系依靠人的力量变得更加密切。

案例： 小陈今天要将四年的大学同窗小王介绍给自己的上级老李，小陈做直销其实也才一个月，认识老李也不到两个月。一阵寒暄之后，小陈开始这样按照ABC法则进行介绍了：李老师，这是我的新朋友小王，小王，这是我所敬佩的人生导师、某公司的高级经理李老师……当小陈这样介绍以后，小王心里就开始嘀咕了，都认识四年了，还什么新朋友，你和他才认识不到两个月，就成为了人生导师了？小王开始有些反感。于是，只想草草应付过去，老李说的任何话，小王一句都没有听进去。

针对这个场景，我们完全可以根据当时的具体情况，采用一些让周围的朋友和上级都能接受的方式进行介绍。还是刚才小陈那个例子，我们可以制造一些和谐的气氛，用一些比较柔和的口吻，小陈稍微换一种语气就能达到截然不同的效果，他可以这样给小王说："我有一个朋友，也是很不错的，一块认识一下。我这个朋友和我共同做了一些事情，他给我很多帮助。"这样，小王就比较容易接受了，也有可能你在邀约小王之前，把他的具体情况让老李知道，老李主动和小王认识，气氛也会好很多的。

启示：与其过分地推崇一种级别或者权威，不如真诚地营造一种轻松和简单。ABC法则可以解除一般新人初期加入直销，不了解这个事业环境而又想参与投入其中的难题，也可以帮助解决不易沟通的个案。但是ABC法则用得太滥，形式也太过教条，这样导致的结果往往适得其反。

6. 骑马思维

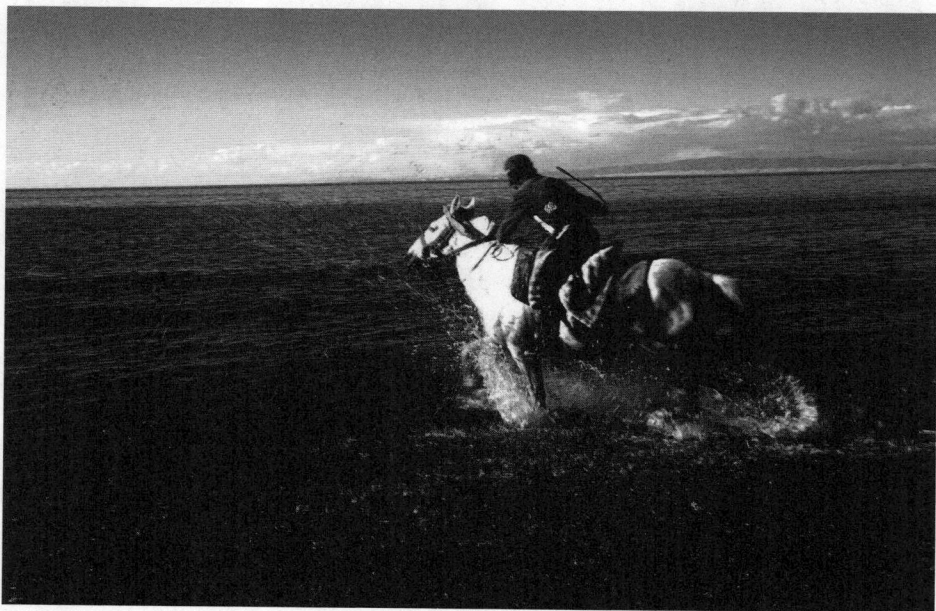

概念："骑马思维"就是一种创造性思维，它的特点是跳出平庸、出奇制胜，所以那些善用"骑马思维"的人往往是人生的赢家。

起源：国王为挑选继承人，给两个儿子出了道难题："给你们两匹马，白马给老大，黄马给老二，你们骑马去清泉边饮水，后到者胜。"

老大想运用"拖"的策略，而老二则抢过老大的马飞驰而去，结果，弟弟胜了，因为骑对方的马冲到前面，自己的马自然落后。

案例： 一外商想在中国寻求代理人，而前来应试的人都不能令他满意，他听说民间有位经商奇才，就亲自去拜访，结果却让他失望。他找到那奇才时，那人正对着对面一家商店叫骂，原因是同样的商品，对方的价格更低，因而抢了自己的生意。外商摇摇头，遗憾地走了。可是不过三天，外商又回来了，并带来了聘书。道理很简单，两家商店都是那"奇才"开的。

启示： 跳出平庸，打破常规就是运用"骑马思维"的实质，它实际上也就是一种创新思维。如果能将"骑马思维"恰当地运用到营销策略中去，其意义无疑是重大的。

7. 泡沫经济

概念： 泡沫经济是指价格对价值的背离。一种产品的价格在市场上随着供求变化而经常波动，但是这种波动总是围绕产品的价值进行，从长期看，价格与价值相符。然而，泡沫经济中的经济泡沫膨胀使得波动超出合理的水平，严重背离其经济基础。

案例： 20世纪80年代后期，日本的股票市场和土地市场热得发狂。从1985年年底到1989年年底的4年里，日本股票总市值涨了3倍，土地价格也是接连翻番。到

1990年，日本土地总市值是美国土地总市值的5倍，而美国国土面积是日本的25倍！日本的股票和土地市场不断上演着一夜暴富的神话，眼红的人们不断涌进市场，许多企业也无心做实业，纷纷干起了炒股和炒地的行当——整个日本都为之疯狂。

灾难与幸福是如此靠近。正当人们还在陶醉之时，从1990年开始，股票价格和土地价格像自由落体一般猛跌，许多人的财富一转眼间就成了过眼云烟，上万家企业关门倒闭。土地和股票市场的暴跌带来数千亿美元的坏账，仅1995年1月—11月就有36家银行和非银行金融机构倒闭，爆发了剧烈的挤兑风潮。极度繁荣的市场轰然崩塌，人们形象地称其为"泡沫经济"。

启示：上帝欲使其灭亡，必先使其疯狂。没有经济发展为基础的价格上涨就会演变为泡沫经济，加大经济风险，有害于个人，也有害于国家。

8. 墨菲定律

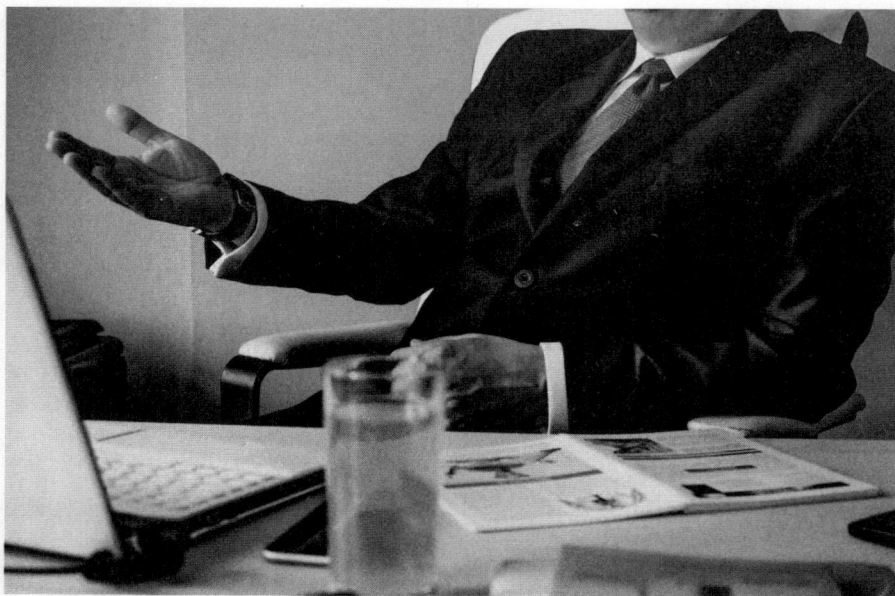

概念：如果有两种或两种以上的方式去做某件事情，而其中一种选择方式将导致灾难，则必定有人会做出这种选择。根本内容是：如果事情有变坏的可能，不管这种可能性有多小，它总会发生。

起源：1949年，一位名叫爱德华·墨菲的空军上尉工程师，对他的某位运气不太好的同事随口开了句玩笑："如果一件事有可能被做坏，让他去做就一定会更坏。"

一句本无恶意的玩笑话最初并没有什么太深的含义，只是说出了坏运气带给人的无奈。或许是这世界不走运的人太多，或许是人们总会犯这样那样错误的缘故，这句话被迅速扩散，最后竟然演绎成：如果坏事情有可能发生，不管这种可能性有多小，它总会发生，并引起最大可能的损失。

启示：对待这个定律，安全管理者存在着两种截然不同的态度：一种是消极的态度，认为既然差错是不可避免的，事故迟早会发生，那么，管理者就难有作为；另一种是积极的态度，认为差错虽不可避免，事故迟早要发生的，那么安全管理者就不能有丝毫放松的思想，要时刻提高警觉，防止事故发生，保证安全。正确的思维方式是后者。根据墨菲定律可得到如下两点启示。

认识之一：不能忽视小概率危险事件

由于小概率事件在一次实验或活动中发生的可能性很小，因此，就给人们一种错误的理解，即在一次活动中不会发生。与事实相反，正是由于这种错觉，麻痹了人们的安全意识，加大了事故发生的可能性，其结果是事故可能频繁发生。譬如，中国运载火箭每个零件的可靠度均在0.999 9以上，即发生故障的可能性均在万分之一以下，可是在1996、1997两年中却频繁地出现发射失败，虽然原因是复杂的，但这不能不说明小概率事件也会常发生的客观事实。纵观无数的大小事故原因，可以得出结论："认为小概率事件不会发生"是导致侥幸心理和麻痹大意思想的根本原因。墨菲定律正是从强调小概率事件的重要性的角度明确指出：虽然危险事件发生的概率很小，但在一次实验（或活动）中，仍可能发生，因此，不能忽视，必须引起高度重视。

认识之二：墨菲定律是安全管理过程中的长鸣警钟

安全管理的目标是杜绝事故的发生，而事故是一种不经常发生和不希望有的意外事件，这些意外事件发生的概率一般比较小，就是人们所称的小概率事件。由于这些小概率事件在大多数情况下不会发生，所以，往往被人们忽视，产生侥幸心理和麻痹大意思想，这恰恰是事故发生的主观原因。墨菲定律告诫人们，安全意识时刻不能放松。要想保证安全，必须从现在做起，从我做起，采取积极的预防方法、手段和措施，消除意外事件。

9. 奥格威法则（Ogilvy's Law）, 也称奥格尔维定律、奥格尔维法则

概念： 奥格威法则是一条强调人才的重要性的法则。如果我们每个人都雇佣比我们自己都更强的人，我们就能成为巨人公司。

起源： 美国奥格尔维·马瑟公司总裁奥格尔维召开了一次董事会，在会议桌上，每个与会的董事面前都摆了一个相同的玩具娃娃。董事们面面相觑，不知何故。奥格尔维说："大家打开看看吧，那就是你们自己！"于是，他们一一把娃娃打开来看，结果出现的是：大娃娃里有个中娃娃，中娃娃里有个小娃娃。他们继续打开，里面的娃娃一个比一个小。最后，当他们打开最里面的玩具娃娃时，看到了一张奥格尔维题了字的小纸条。纸条上写的是："如果你经常雇用比你弱小的人，将来我们就会变成矮人国，变成一家侏儒公司。相反，如果你每次都雇用比你高大的人，日后我们必定成为一家巨人公司。"前一句话与从大娃娃到中娃娃再到小娃娃的次序吻合，后一句话与小娃娃到中娃娃再到大娃娃的次序吻合，这些聪明的董事一看就明白了。这件事给每位董事留下很深的印象，在以后的岁月里，他们都尽力任用有专长的人才。

案例： 美国的钢铁大王卡内基的墓碑上刻着："一位知道选用比他本人能力

更强的人来为他工作的人安息在这里。"卡内基之所以成为钢铁大王，并非由于他本人有什么了不起的能力，而是因为他敢用比自己强的人，能看到并发挥他们的长处。齐瓦勃本来只是卡内基钢铁公司下属布拉德钢铁厂的一位工程师，卡内基在知道了齐瓦勃有超人的工作热情和杰出的管理才能后，马上提拔他当上了布拉德钢铁厂的厂长。正因为有了齐瓦勃管理下的这个工厂，卡内基才敢说："什么时候我想占领市场，市场就是我的。因为我能造出又便宜又好的钢材。"几年后，表现出众的齐瓦勃又被卡内基任命为钢铁公司的董事长，成为了卡内基钢铁公司的灵魂人物。

齐瓦勃担任董事长的第七年，当时控制着美国铁路命脉的大财阀摩根，提出与卡内基联合经营钢铁。一天，卡内基递给齐瓦勃一份清单说："按上面的条件，你去与摩根谈联合的事宜。"齐瓦勃接过来看了看，对卡内基说："你有最后的决定权，但我想告诉你，按这些条件去谈，摩根肯定乐于接受，但你将损失一大笔钱。看来你对这件事没有我调查得详细。"经过分析，卡内基承认自己过高地估计了摩根，于是全权委托齐瓦勃与摩根谈判，终于取得了对卡内基有绝对优势的联合条件。

卡内基曾说过："把我的厂房、机器、资金全部拿走，只要留下我的人，4年以后又是一个钢铁大王。"靠什么，靠用人！到20世纪初，卡内基钢铁公司已成为世界上最大的钢铁企业。它拥有2万多员工以及世界上最先进的设备，它的年产量超过了英国全国的钢铁产量，它的年收益额达4000万美元。卡内基是公司的最大股东，但他并不担任董事长、总经理之类的职务。他的成功在很大程度上取决于他任用了一批懂技术、懂管理的人才。

启示：一个好的公司固然是因为它有好的产品，有好的硬件设施，有雄厚的财力作为支撑，但最重要的还是要有优秀的人才。光有财、物，并不能带来任何新的变化，只有具有大批的优秀人才才是最重要、最根本的。

10. 怀特定律

概念：领导在群体外的声望有助于巩固他在群体中的地位，而他在群体中的地位又提高了他在外界的声望。

起源：美国社会学家怀特。

案例：1997年，周宏钧进入报喜鸟集团从事信息化工作。当时，他只是一个普通的电脑操作员。而那时的报喜鸟只有3台用来打字的电脑，整个集团的业务全是手工操作。在这种情况下，周宏钧自己开始学习编写进销存软件，一点一滴地推进企业的信息化进程。后来，作为IT经理的周宏钧准备在集团内上一个视频会议系统。对于年产几十亿元的报喜鸟而言，这实在是一个很小的系统。即使这样一个小系统，公司老总在总裁办公会议上提及好几次，为的是提醒副总们、各部门负责人予以重视。周宏钧说："有的主管业务的副总与视频会议系统根本没有关系，但老板这样重视，他们不能不重视。"而他之所以能够得到老板的鼎力支持，与他在企业中确立的权威有很大关系。

启示：职务权威是进行领导活动的必备条件，领导的信任权威是领导功能的基础，是领导活动成败，事业盛衰的关键。

11. 克里奇定理

概念：没有不好的组织，只有不好的领导。

起源：美国军事家克里奇。

案例：有人说，是"9·11"成就了纽约前市长鲁道夫·朱利安尼。实际上朱利安尼的领导才能很早就已经表现出来了。他在上任之初曾花了一年多的时间做危机管理这门功课，诸如生化武器或炸弹攻击等，并且反复检讨与练习。因此，"9·11"的发生虽然出人意料，但在发生时，他能够坚强理智地带领着纽约市民走过这场前所未有的变局。

朱利安尼在一本书中写道：所谓的领导，就是在享受特权的同时，承担起更大的责任，在风险或危机来临时，有勇气站出来，单独扛起压力。

朱利安尼在当时的危急时刻敏感地意识到，"我必须露面，我是纽约市市长。我应对危机的方法就是亲临现场并掌控局面。如果我没在电视上出现，对这个城市将更加不利。"

启示：好的领导的作用是不言而喻的，好领导是好组织的塑造者。

12. 拜伦法则

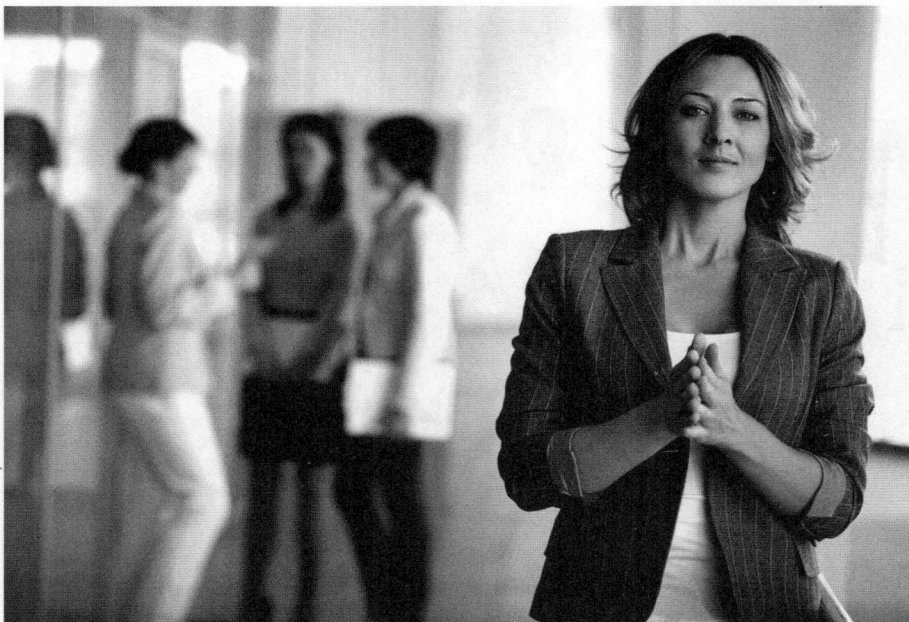

概念：授权他人后就完全忘掉这回事，绝不去干涉。

起源：提出者：美国内陆银行总裁拜伦。

案例：英特尔也十分注意对员工进行授权。在他们看来，授权者和被授权者必须共享信息。因为只有委派进行得很有效时，它才会起到较强的杠杆作用，而较弱的杠杆作用则出现于主管只死守所有工作而不懂得分配工作。总裁葛鲁夫认为，主管把自己喜欢的工作分配出去，可以更加得心应手地对这些分排出去的任务进行监督，并确保他们按计划执行。

在英特尔的日常管理中，处处都体现了授权所带来的好处。葛鲁夫将这一点形象地比喻为：一个经理应当持有项目原材料的存贷，这些存贷应当由你需要但不是马上完成的东西组成。实践证明，要是没有这些存贷，经理们就会无所事事，从而在百无聊赖之际去干涉下属的工作。这样的结果是可怕的，员工们的积极性和创造性将会受到重创。所以，他认为：对于一个经理或是主管来说，保证适度放权，并花一定的时间去计划咨询或协调员工之间的关系，并在适当的时候加以督导，那么下属就会及时地去调整工作状况，这种局面非常有利于公司的高效运作。

启示：适当放权既能给下属留下发展自己的空间，又能使管理者抽出更多的时间去督导员工的工作，提高整个团队的工作效率就顺理成章了。

13. 架空效应

概念：对某人表面推崇却暗中排挤，使其徒有虚名。这就是被现代企业管理学纳入经典管理定律的"架空效应"。

起源：房屋随着柱子对自身的支撑而升高，获得不少表面的虚名，就像一座高高升起的空中楼阁、海市蜃楼般的华而不实。

案例：齐桓公称霸以后，日趋骄傲。后来，他的最能干的丞相管仲去世，国家失去了栋梁。齐桓公年迈怠政，奸臣易牙、竖刁、开方利用阿谀奉承骗取了齐桓公的信任，掌握了齐国的实权。他们各自培植自己的势力，相互争权夺利，把齐国搞得乌烟瘴气。齐桓公高居深宫，对外面的情况几乎是两眼一抹黑，完全被这几个小人架空。

后来齐桓公生病了，在易牙和竖刁等人的挑唆下，他的五个儿子拉帮结派争做太子，谁都不把齐桓公的安危放在心上。齐桓公去世后，他的几个儿子为争夺国君位子相互攻击，没人来处理齐桓公的后事。齐桓公的尸体一直在床上放了几十天，上面爬满了蛆虫。可怜齐桓公，生前为一代霸主，死后竟如此悲惨。

启示：要防止被架空就必须掌握实权。企业管理者在治理企业时要考虑自己的手下，要考虑自己，要考虑企业。这三个"轮子"转起来以后，才可能产生好的效果。

14. 布朗法则

概念：有意义的对立是一种管理技巧。

起源：美国财星集团管理顾问布朗。

案例：1860年，林肯当选为美国第16任总统，他却任命在竞选中落败的参议院萨蒙·蔡斯为财政部长。蔡斯与林肯政治立场截然相反，是一名坚定的反对者。幕僚们纷纷不解，然而林肯此举便是在制造一种"有意义的对立"，使利益的双方都不敢松懈。

启示：在一个组织中，往往存在着不同的甚至是对立的利益集团，无论管理者是否愿意，这种利益集团都客观存在。在重大决策中，他们会有冲突与纠纷，但却使各方面的利益都能得到反映，令决策不至过于偏颇。

15. 艾德华定理

概念：指高级主管如果不能互相信任，任何集体领导都不会有好的效果。

起源：英国BL有限公司前总裁艾德华。

案例：主管之间的互不信任，所导致的明争暗斗，肯定会让下属们看轻、逆反乃至效仿。而且，简直活像两只大水牛在田间顶角打架，田里的庄稼（相当公司财产）被糟蹋了，那些青蛙、蝌蚪、泥鳅（相当公司员工）等等的小动物也都将受到不同程度的伤害和蹂躏，将引起下属各种灾难性的遭遇。由于公司运行障碍，效益下降，将可能使一部分员工失业，使一部分员工无法按期拿到工资，使一部分员工前景暗淡、渺茫……总之，主管间的"与人斗争"会耗费掉他们巨大的精力、财力和时间，导致企业的大衰退、不景气。

启示：在一个组织内，如果领导之间的合作没有处理好的话，组织的命运就值得担忧了。有好的领导集体，才会有好的集体领导。

16. 特里法则

概念： 承认错误是一个人最大的力量源泉，因为正视错误的人将得到错误以外的东西。

起源： 美国田纳西银行前总经理特里。

案例： 新墨西哥州阿布库克市的布鲁士·哈威，错误地核准付给一位请病假的员工全薪。在他发现这项错误之后，就告诉这位员工并且解释说必须纠正这项错误，他要在下次薪水支票中减去多付的薪水金额。这位员工说这样做会给他带来严重的财务问题，因此请求分期扣回多领的薪水。但这样哈威必须先获得他上级的核准。哈威说，"我知道这样做，一定会使老板大为不满。在我考虑如何以更好的方式来处理这种状况的时候，我了解到这一切的混乱都是我的错误，我必须在老板面前承认。"于是，哈威找到老板，说了详情并承认了错误。老板听后大发脾气，先是指责人事部门和会计部门的疏忽，后又责怪办公室的另外两个同事，这期间，哈威则反复解释说这是他的错误，不干别人的事。最后老板看着他说："好吧，这是你的错误。现在把这个问题解决吧。"他把这项错误改正过来，没有给任何人带来麻烦。自那以后，老板就更加看重哈威了。

启示： 勇于承认错误和失败也是企业生存的法则。市场不是两军对垒的战场，企业不是军队。承认失败，企业可以避免更大的市场损失，可以重新调整自己的市场策略，也就可以重新取得市场机会。

17. 克里夫兰法则

概念： 成功的领导艺术的标志是，当事成之后，被领导者均认为"事情是我们自己做的"。

起源： 美国政治学家克里夫兰。

案例： 当年的美国总统威廉·麦金利为了跟西班牙的反抗军首领加西亚取得联系，绞尽脑汁也一筹莫展，既没人知道加西亚的藏身处，电话更是无法联系。当总统得知罗文有办法找到加西亚时，总统把寄信的重任交给了罗文。只见罗文把信装进一个油布袋里，二话没说就走了。他划着小船日夜兼程，摸黑在古巴上岸，徒步穿越古巴全境，三个多星期后终于把那封总统的信送达……这里的主人公罗文就是一个少言寡语、办事踏实的人，以一种主动性、自觉性、独立性深深地打动着全世界数以亿计的读者。这个罗文当然可以在事成之后骄傲地说"事情是我自己做的"，美国总统威廉·麦金利看似没有参与，但发现、培养、找到罗文这样的人，并委以重任，这就是总统威廉·麦金利成功领导艺术的标志。整个过程总统威廉·麦金利几乎没有露面和参与，却使人从罗文的形象中感到了总统的魅力。

启示： 让员工分享胜利的喜悦，分享成功的果实，让员工均认为"事情是我们自己做的"，这就是作为一个成功领导人的人格魅力和领导艺术的标志。

18. 伯恩斯定律

概念： 下属在工作中越感到自己有能力和有效率，则在完成工作时就越不想要命令和指挥。

起源： 美国历史学家J·M·伯恩斯。

案例： 鲁国有个人叫阳虎，他经常说："君主如果圣明，当臣子的就会尽心效忠，不敢有二心。君主若是昏庸，臣子就敷衍应酬，甚至心怀鬼胎，表面上唯唯诺诺，却在暗中欺君而谋私利。"

阳虎这番话触怒了鲁王，阳虎因此被驱逐出境。他跑到齐国，齐王对他不感兴趣，他又逃到赵国，赵王十分赏识他的才能，拜他为相。

近臣向赵王劝谏说："听说阳虎私心颇重，怎能用这种人料理朝政？"

赵王答道："阳虎或许会寻机谋私，但我会小心监视，防止他这样做，只要我拥有不至于被臣子篡权的力量，他岂能得遂所愿？"

赵王在一定程度上控制着阳虎，终使赵国威震四方，称霸于诸侯。

启示： 越是善于使用自己手脚的人，越不喜欢别人对他指手画脚。

19. 古德定律

概念：成功的沟通，靠的是准确地把握别人的观点。

起源：美国心理学家奥斯古德。

案例：曹操很喜爱曹植的才华，因此想废了曹丕转立曹植为太子。当曹操将这件事征求贾翊的意见时，贾翊却一声不吭。曹操就很奇怪地问："你为什么不说话？"

贾翊说："我正在想一件事呢！"

曹操问："你在想什么事呢？"

贾翊答："我正在想袁绍、刘表废长立幼招致灾祸的事。"

曹操听后哈哈大笑，立刻明白了贾翊的言外之意，于是不再提废曹丕的事了。

曹操所提的问题对于下属来说可谓是非常棘手，稍有不慎就会引起龙颜大怒。

启示：没有正面的回答问题，这一点相当聪明，既避免了冒犯领导权威，也没有给人阿谀奉承的感觉。这正是建立在属下准确理解领导背后意图的基础之上的。不知道别人想什么，你想什么也会不着边际。

20. 蓝斯登定律

概念： 给员工快乐的工作环境，跟一位朋友一起工作，远较在父亲之下工作有趣得多。你给员工快乐的工作环境，员工给你高效的工作回报。

起源： 美国管理学家蓝斯登。

案例： 连续20年保持赢利的美国西南航空公司则通过处处为员工提供支持，保持了员工对公司的高度认同和工作热情。西南航空公司要求管理层要经常走近员工，参与一线员工的工作，倾听员工的心声，告诉员工关于如何改进工作的建议和思想。与其他服务性公司不同的是，西南航空公司并不认为顾客永远是对的。公司总裁赫伯·克勒赫说："实际上，顾客也并不总是对的，他们也经常犯错。我们经常遇到毒瘾者、醉汉或可耻的家伙。这时我们不说顾客永远是对的。我们说：你永远也不要再乘坐西南航空公司的航班了，因为你竟然那样对待我们的员工。"正是这种宁愿"得罪"无理的顾客，也要保护自己员工的做法，使得西南航空公司的每一个职员都得到了很好的关照、尊重和爱。员工们则以十倍的热情和服务来回报顾客。赫伯·克勒赫说："也许有其他公司与我们公司的成本相同，也许有其他公司的服务质量与我们公司相同，但有一件事它们是不可能与我们公司一样的，至少不会很容易，那就是我们的员工对待顾客的精神状态和态度。"这正是西南航空公司长期盈利的秘诀所在。

启示：企业内部生产率最高的群体，不是薪金丰厚的员工，而是工作心情舒畅的员工。愉快的工作环境会使人称心如意，因而会工作得特别积极。不愉快的工作环境只会使人内心抵触，从而严重影响工作的绩效。

21. 巴莱多定律

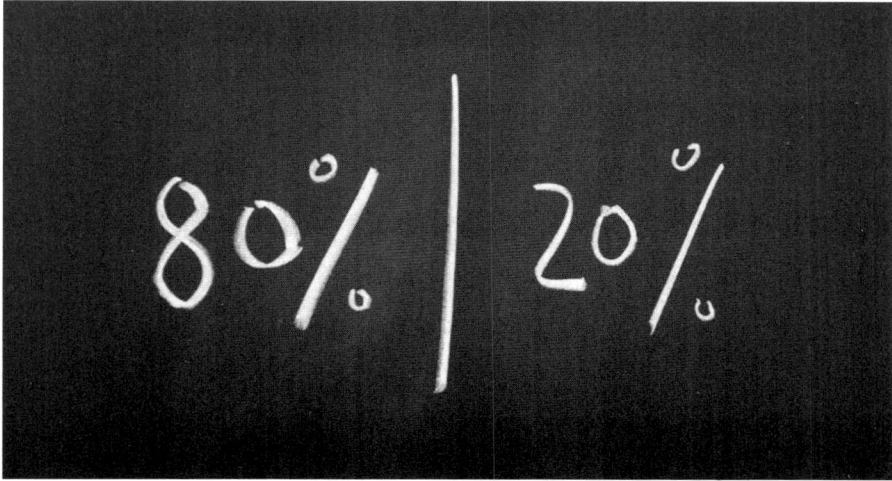

概念：他认为，在任何一组东西中，最重要的只占其中一小部分，约20%，其余80%尽管是多数，却是次要的，因此又称二八定律。

起源：1897年，意大利经济学者巴莱多偶然注意到19世纪英国人的财富和收益模式。在调查取样中，发现大部分的财富流向了少数人手里。同时，他还从早期的资料中发现，在其他的国家，都发现有这种微妙关系一再出现，而且在数学上呈现出一种稳定的关系。于是，帕累托从大量具体的事实中发现：社会上20%的人占有80%的社会财富，即：财富在人口中的分配是不平衡的。

同时，人们还发现生活中存在许多不平衡的现象。因此，二八定律成了这种不平等关系的简称，不管结果是不是恰好为80%和20%（从统计学上来说，精确的80%和20%出现的概率很小）。习惯上，二八定律讨论的是顶端的20%，而非底部的80%。人们所采用的二八定律，是一种量化的实证法，用以计量投入和产出之间可能存在的关系。

案例：假如20%喝啤酒的人喝掉了80%的啤酒，那么这部分人应该是啤酒制造商注意的对象，尽可能争取到这20%的人来买，最好能进一步增加他们的啤酒消费。同样的，当一家公司发现，80%的利润来自20%的产品，那么这家公司应该尽全力来销售高利润的产品。

启示：没有任何一种活动不受80/20法则的影响。一位著名的管理学家说过，成功的人若分析自己成功的原因，就会知道80/20法则是成立的，80%的成长活力和满意来自于20%的对象，公司至少应知道这20%是谁，才会清楚看到未来成长的方向。

22. 酒与污水定律

概念：管理学上一个有趣的定律叫"酒与污水定律"，意思是一匙酒倒进一桶污水，得到的是一桶污水；把一匙污水倒进一桶酒里，得到的还是一桶污水。显而易见，污水和酒的比例并不能决定这桶东西的性质，真正起决定作用的就是那一勺污水，只要有它，再多的酒都成了污水。酒与污水定律说明对于坏的组员或东西，要在其开始破坏之前及时处理掉。

案例：一个正直能干的人进入一个各方面混乱的单位，尽管他始终保持"英雄本色"，但终究会被其周围的环境所吞没，起码会被那些"污水"染上些"杂色"。相反，如果一个无德无才的多事者，他能将一个团结、高效的单位很快地变成一盘散沙。分析其原因大概有两方面：一是现实生活中的每一个人都有一定的名利心理，工作中当集体利益、公共利益、他人利益与自己的利益发生冲撞时，当自己的愿望未得到满足时，当与别人相比较无论在仕途的提拔、职称的晋升、荣誉的表彰和福利的待遇等方面得失不当而造成心理的不平衡时，难免要发泄，要向领导讨个说法，要闹个天翻地覆、甚至鱼死网破。二是我们的组织系统往往是脆弱的，我们的组织原则是建立在"能上不能下，能官不能民，能进不能出，不能用也得用"的基础上的。即使明知他是"害群之马"，也无法将之分离"马群"之外，即使明知"这条鱼腥了一锅汤"，也没办法捞出这条"鱼"去保持"汤鲜"。处理解决这类现象的办法只能是相互理解、相互妥协和最终容忍。因此，原有的那种理性的凝聚力、团结、向上进取的工作作风很容易被侵害、被毒化、被腐蚀，最终被瓦解。

　　启示：一个人的品质是多年养成的，企业就是在用人，不需要再背育人的义务。不合适的，不能融入企业文化的，尽快使之离开，对企业是一个好处，对当事者也未必不是一件好事。

23. 华盛顿合作定律

　　概念：一个人敷衍了事，两个人互相推诿，三个人则永无成事之日。

　　起源：华盛顿合作定律产生的最主要原因在于"旁观者效应"，众多的旁观者分散了每个人应该负有的责任，最后谁都不负责任，于是合作不成功。具体说来，当一个人从事某项工作时，由于不存在旁观者，自然由他一个人承担全部责任，虽然有点敷衍了事，但也还能勉强成事。这就说明，当许多人共同从事某项工作时，虽然群体成员都有责任，但是群体的每一个成员都成了旁观者，彼此相互推诿，最后谁都不愿意承担责任，结果合作不成功，产生了华盛顿合作定律。

　　案例：如果两个或是两个以上的人一起工作，大家互相勾心斗角，各自为政，必然会事倍功半。而所有的人都能齐心合力，大家心往一处想，劲往一处使，结果就会是事半功倍了。如果内耗过多，那结果只会不尽如人意。

那些勾心斗角、尔虞我诈的人，会使整个团体分崩离析，成绩一塌糊涂。任何一个团体都免不了存在勾心斗角的现象，即"办公室政治"。甲今天说了几句不该说的话让乙很没面子，下次乙找个机会打甲的小报告，却被甲的朋友丙听见了，丙在工作中就故意使绊子，这样又无意中损害了丁的利益，这个打结的线团会越缠越大。"办公室政治"是引起内耗的主要原因，也是华盛顿合作定律的最直接表现。

启示：我们必须坚持向管理要效益的方针，从建立管理制度入手，形成分工合理、职责明确、奖罚分明的管理机制；同时，不断提高员工整体素质，建立一个有利于人才竞争、有利于人才成长的舞台。彻底解决"华盛顿合作定律"的现象，唯有创建高绩效团队的合作文化。

24. 250 定律

概念：在每位顾客的背后，都或许站着250个人，这是与他关系比较亲近的人：同事、邻居、亲戚、朋友。

起源：美国著名推销员拉德在商战中总结出了"250定律"。他认为每一位顾客身后，大体有250名亲朋好友。如果您赢得了一位顾客的好感，就意味着赢得了250个人的好感；反之，如果你得罪了一名顾客，也就意味着得罪了250名顾客。这一定律有力地论证了"顾客就是上帝"的真谛。由此，我们可以得到如下启示：必须认真对待身边的每一个人，因为每一个人的身后，都有一个相对稳定的、数量不小的群体。善待一个人，就像拨亮一盏灯，照亮一大片。

案例： 迈克尔·戴尔是大名鼎鼎的戴尔电脑公司的创始人，16岁时，戴尔在《休斯敦邮报》打工，工作内容是争取订户。在争取订户的过程中，戴尔发现，如果只是通过随机拜访，那要争取订户往往十分费力，效果很不好，因为你根本不知道哪一家真的想订报。经过深入调查分析后，戴尔找到了已有订户的主要特征，根据已有订户的人脉网络来寻找新的订户，让订户介绍订户，结果，他顺利争取到了更多的订户，当年的收入高达18 000美元。

这段销售历程对戴尔后来经营戴尔公司有着相当大的影响。事实上，戴尔采用的争取订户的方法，就是利用了人和人之间形成的各种关系网，就是"250定律"的具体体现。

启示： 在任何情况下，都不要得罪哪怕是一个顾客。必须认真对待身边的每一个人，因为每一个人的身后都有一个相对稳定的、数量不小的群体。善待一个人，就像拨亮一盏灯，照亮一大片。

25. 经济过热理论

概念： 经济过热是指市场供给发展速度与市场需求发展速度不成比例。当资

本增长速度超过市场实际所需要的周期量后，在一定周期阶段内，相应的市场资源短缺与一定资源过剩的矛盾现象可能会同时出现。在一定时期，其会表现出经济发展与物价指数的双高现象。

阐释：经济过度扩张既有可能是投资过度造成的，也有可能是由消费膨胀和过度出口所致，甚至有可能是三者共同作用的结果。所以根据实际情况我们可以把经济过热大致区分为4种类型，即投资型经济过热、消费型经济过热、出口型经济过热与整体经济过热。但在实际经济生活中投资、消费与出口既有可能同时扩张，也有可能单独冒进，甚至有可能逆向发展。

应当注意的是，我们不能把经济过热等同于物价上涨。这是因为，经济过热的本质是经济扩张过度，或者说是投资、消费与出口超过特定限度；物价上涨则既有可能是由投资、消费与出口过度扩张引发的，也有可能是供给急剧下降、外部冲击（如国际油价或原材料价格大幅度上涨等）、政府调控政策（扩张性财政金融政策），以及成本推动（如工资成本增加与电、水、气等公共产品的人为提价）的产物。

启示：繁荣背后藏隐患。

26. 彼得原理

概念：是管理心理学的一种心理学效应，指在一个等级制度中，每个职工趋向于上升到他所不能胜任的地位。

起源：是美国学者劳伦斯·彼得（Dr.Laurence Peter）在对组织中人员晋升的相关现象研究后得出的一个结论。

案例：大刘在一家IT公司从事技术开发工作。由于他工作努力，肯钻研，为人和气又乐于助人，深受上司赏识和同事好评。大刘的性格非常适合他的岗位：可以试验各种创新，以工作为乐，与世无争。他在不久前被公司提拔为项目主管。大刘非常感激上司对自己的知遇之恩，决心以更好的业绩来回报上司。他更加埋头苦干，想更多的点子，下属有什么难处他总是一揽子全包了。但上任不久，大刘却发现自己困难重重：一是自己在从事技术工作之余，必须要以更大的精力来管理好这个项目小组，琐碎的事情让他忙得焦头烂额，根本无暇顾及更多技术的事。二是工作进程很不顺利，经常要加班到很晚还不能按时完成进度，同事怨言很大。三是小组中资历比自己老的很多技术人员对自己不服气，自己又不好意思说什么。结果，上司、同事、自己都很不满意，大刘从优秀的技术专家变成了不称职的项目主管。

启示：虽然我们每个人都期待着不停地升职，但不要将往上爬作为自己的唯一动力。与其在一个无法完全胜任的岗位勉力支撑、无所适从，还不如找一个自己能游刃有余的岗位好好发挥自己的专长。

27. 蘑菇定律

概念：蘑菇定律是指初入世者常常会被置于阴暗的角落，不受重视或打杂跑腿，就像蘑菇培育一样还要被浇上大粪，接受各种无端的批评、指责、代人

受过，得不到必要的指导和提携，处于自生自灭过程中。蘑菇生长必须经历这样一个过程，人的成长也肯定会经历这样一个过程。这就是蘑菇定律，或叫萌发定律。

起源：据称，蘑菇管理定律一词来源于20世纪70年代一批年轻的电脑程序员的创意。由于当时许多人不理解他们的工作，持怀疑和轻视的态度，所以年轻的电脑程序员就经常自嘲"像蘑菇一样的生活"。电脑程序员之所以如此自嘲，这与蘑菇的生存空间有一定的关系。

蘑菇的生长特性是需要养料和水分，但同时也要注意避免阳光的直接照射，一般需在阴暗角落里培育，过分的曝光会导致过早夭折。古时，蘑菇的养料一般为人、兽的排泄物，虽不洁但为必需品。

从两者的关系来看，地点、养料两方面的条件给予了蘑菇的生存空间，但须为自生自灭，新进学者亦是如此。

案例：惠普公司前CEO卡莉·费奥瑞娜从斯坦福大学法学院毕业后，做的第一份工作是一家地产公司的电话接线员，每天的工作就是打字、复印、收发文件、整理文件等杂活。虽然父母和亲戚朋友对她的工作感到不满，认为一个斯坦福大学的毕业生不应该做这些，但她没有任何怨言，继续边努力工作边学习。一天，公司的经纪人问她能否帮忙写点文稿，她点了点头。正是这次撰写文稿的机会，改变了她的一生，她后来发展成为惠普公司的CEO。

启示："蘑菇经历"是事业上最为漫长的磨炼，也是最痛苦的磨炼之一，它对人生价值的体现起到至关重要的作用。经过这个阶段的磨炼，你就会熟练地掌握到当前从事工种的操作技能，提升一些为人处世的能力，以及挑战挫折、失败的意志，这也是最重要的。

28. 牢骚效应

概念： 凡是公司中有对工作发牢骚的人，那家公司或老板一定比没有这种人或有这种人而把牢骚埋在肚子里的公司要成功得多——这就是著名的"牢骚效应"。

起源： 哈佛大学心理学系的梅约教授组织过一个"谈话试验"。具体做法就是专家们找工人个别谈话，而且规定在谈话过程中，专家要耐心倾听工人们对厂方的各种意见和不满，并做详细记录。与此同时，专家对工人的不满意见不准反驳和训斥。这一实验研究的周期是两年。在这两年多的时间里，研究人员前前后后与工人谈话的总数达到了两万余人次。

案例： 在松下，所有分厂里都设有吸烟室，里面摆放着一个极像松下幸之助本人的人体模型，工人可以在这里用竹竿随意抽打"他"，以发泄自己心中的不满。等他打够了，停手了，喇叭里会自动响起松下幸之助的声音，这是他本人给工人写的诗："这不是幻觉，我们生在一个国家，心心相通，手挽着手，我们可以一起去求得和平，让日本繁荣幸福。干事情可以有分歧，但记住，日本人只有一个目标：即民族强盛、和睦。从今起，这绝不再是幻觉！"当然，这还不够，松下说："厂主自己还得努力工作，要使每个职工感觉到：我们的厂主工作真辛苦，我们理应帮助他！"正是通过这种方式，使松下的员工自始至终都能保持高度的工作热情。

启示：企业需要员工之间产生彼此的认同、合作与信任。一起工作的人，可以不在同一间办公室中，但必须同心协力，才会形成有效运转的机构。而人与人之间的隔阂、猜忌、怀疑与冲突，不仅会阻碍个人能力的充分发挥，更损害了团体绩效的产生。要避免这些，就要建立一个有效的沟通渠道，激励员工的工作热情，了解他们的需要与情感，并加以有效地疏导和牵引。这样，才可能真正达到企业利润的最大化。

29. 100－1=0定律

概念：100个顾客中有99个顾客对服务满意，但只要有1个顾客对其持否定态度，企业的美誉就立即归零。

起源："100－1=0"定律最初来源于一项监狱的职责纪律：不管以前干得多好，如果在众多犯人里逃掉一个，便是永远的失职。在我们看来，这个纪律似乎过于严格了。但从防止罪犯重新危害社会来说，百无一失是极为必要的。

案例：有一次，一个法国农场主驾驶着一辆奔驰货车从农场出发去德国。一路上凉风习习，路况良好，法国农场主不由哼起了小曲。可是，当车行驶到了一个荒村时，发动机出故障了。农场主又气又恼，大骂一贯以高质量宣传自己的奔驰骗人。这时，他抱着试一试的心情，用车上的小型发报机向奔驰汽车的总部发出了求救信号。没想到，几个小时后，天空就传来了飞机声。原来，奔驰汽车修理厂的检修工人在工程师的带领下，乘飞机来为他提供维修服务。一下飞机，维修人员的第一句话就说："对不起，让您久等了。但维修人员来了就不需要很久了。"他们一边安慰农场主，一边开始了紧张的维修工作。不一会儿，车就修好了。

"多少钱？"看见修好了，法国农场主问道。"我们乐意为您提供免费服务！"工程师回答。农场主本来以为他们会收取一笔不菲的维修金，听到这些简直大吃一惊，"可你们是乘飞机来维修的呀？""但是因为我们的产品出了问题才这样的。"工程师一脸歉意，"是我们的质量检验没做好，才使您遇到了这些麻烦，我们理应给您提供免费服务的。"法国农场主很受感动，连连夸赞他们，夸赞奔驰公司。后来，奔驰公司为这位农场主免费换了一辆崭新的同类型货车。

100多年来，奔驰得以永葆自己青春的法宝是什么？是质量，是服务！优质的服务让奔驰跑得更快。正是这种一个都不放过的服务精神，才造就了奔驰当之无愧的汽车王国的地位。

启示：对顾客而言，服务质量只有好坏之分，不存在较好较差的比较等级。好就是全部，不好就是零。

30. 快鱼法则

概念： 钱伯斯在谈到新经济的规律时说，现代竞争已"不是大鱼吃小鱼，而是快的吃慢的。"这就是快鱼法则。

起源： 快鱼吃慢鱼是思科CEO钱伯斯的名言。他认为"在Internet经济下，大公司不一定打败小公司，但是快的一定会打败慢的。Internet与工业革命的不同点之一是，你不必占有大量资金，哪里有机会，资本就很快会在哪里重新组合。速度会转换为市场份额、利润率和经验"。"快鱼吃慢鱼"强调了对市场机会和客户需求的快速反应，但决不是追求盲目扩张和仓促出击，正相反，真正的快鱼追求的不仅是快，更是"准"，因为只有准确地把握住市场的脉搏，了解未来技术或服务的方向后，快速出击进行收购才是必要而有效的。

案例： 如今市场竞争异常激烈，市场风云瞬息万变，市场信息流的传播速度大大加快。谁能抢先一步获得信息、抢先一步做出应对，谁就能捷足先登，独占商机。因此，在这"快者为王"的时代，速度已成为企业的基本生存法则。企业必须突出一个"快"字，追求以快制慢，努力迅速应对市场变化。市场反应速度决定着企业的命运，只有能够迅速应对市场者，才能成为市场逐鹿的佼佼者。

Modell体育用品公司的CEO默德在一次圆桌会议上重复了钱伯斯的这句话，他对与会的CEO们说：想要在以变制胜的竞赛中脱颖而出，速度是关键。正如非洲大草原上的动物们一样，当他们一开始迎着太阳奔跑的时候，狮子知道如果它跑不过速度比它慢的羚羊，它就会饿死。而羚羊也知道，如果自己跑不过速度最快的狮子，它就必然会被吃掉。加拿大将枫叶旗定为国旗的决议通过的第三天，日本厂商赶制的枫叶小国旗及带有枫叶标志的玩具就出现在加拿大市场，销售火爆。作为"近水楼台"的加拿大厂商则坐失良机。有人曾形容说，美国人第一天宣布某项新发明，第二天投入生产，第三天日本人就把该项发明的产品投入了市场。

启示： "快鱼吃慢鱼"意即"抢先战略"，是赢得市场竞争最后胜利的首要条件。实践早已证明，在其他因素相同或基本相同的情况下，谁先抢占商机，谁就会取得最后的胜利，抢先的速度已成为竞争取胜的关键。闪电般的行动必然会战胜动作迟缓的对手，使"慢鱼"在没有硝烟的战场上败下阵来。实施"抢先战略"，意在"先"，贵在"抢"，因为"商机"是短暂的、有限的，是转瞬即逝的。正所谓"机不可失，时不再来"。

31. 帕金森定律

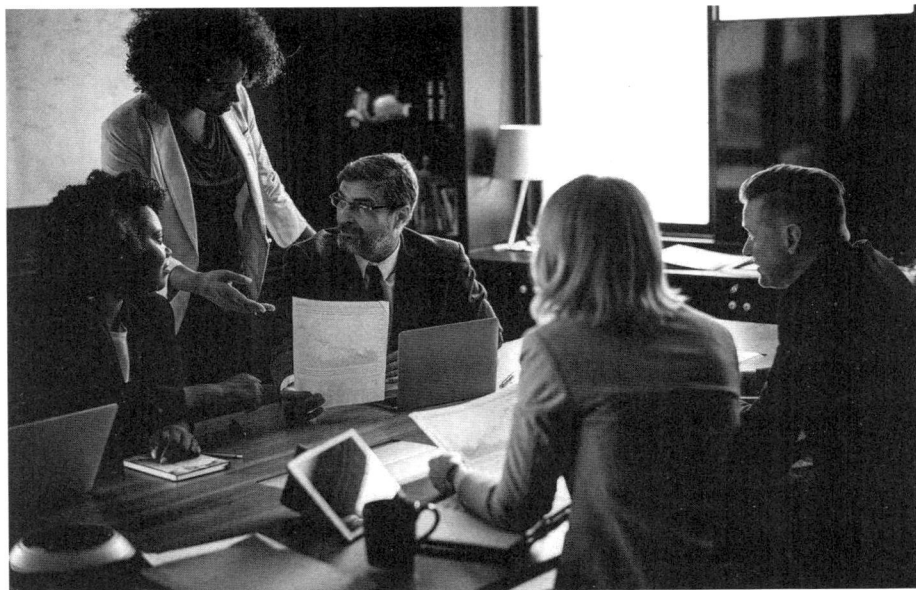

概念： 在行政管理中，行政机构会像金字塔一样不断增多，行政人员会不断膨胀，每个人都很忙，但组织效率越来越低下。

起源： 1958 年，英国历史学家、政治学家西里尔·诺斯古德·帕金森（Cyril Northcote Parkinson）通过长期调查研究，出版了《帕金森定律》（Parkinson's Law）一书。帕金森经过多年调查研究，发现一个人做一件事所耗费的时间差别如此之大：他可以在10分钟内看完一份报纸，也可以看半天；一个抓紧时间的人20分钟可以寄出一叠明信片，但一个无所事事的老太太为了给远方的外甥女寄张明信片，可以足足花一整天：找明信片一个钟头，寻眼镜一个钟头，查地址半个钟头，写问候的话一个钟头零一刻钟……特别是在工作中，工作会自动地膨胀，占满一个人所有可用的时间，如果时间充裕，他就会放慢工作节奏或是增添其他项目以便用掉所有的时间。

阐释： 当官的A君感到工作很累很忙时，一定要找比他级别和能力都低的C 先生和D先生当他的助手，把自己的工作分成两份分给C、D，自己掌握全面。C 和D 还要互相制约，不能和自己竞争。当C工作也累也忙时，A就要考虑给C配二名助手；为了平衡，也要给D配两名助手，于是一个人的工作就变成七个人干，A 君的地位也随之抬高。当然，七个人会给彼此制造许多工作，比如一份文件需要七个人共同起草圈阅，每个人的意见都要考虑、平衡，绝不能敷衍塞责，下属们产生了矛盾，他要想方设法解决；升级调任、会议出差、恋爱插足、工资住房、培养接班人……哪一项不需要认真研究，工作愈来愈忙，甚至七个人也不够了……

启示：不称职的行政首长一旦占据领导岗位，庞杂的机构和过多的冗杂便不可避免，庸人占据着高位的现象也不可避免，整个行政管理系统就会形成恶性膨胀，陷入难以自拔的泥潭。

32. 塔马拉效应

概念：学会在领导面前隐藏实力。

起源：F-117A 隐形神话破灭，"雷达怪杰"进入美国怀中。

当初弗·佩赫研制被动（无源）雷达的目的是探测雷达制导导弹，但让其大放异彩、声名远播的却是它竟能成功地探测到隐形飞机，成为隐形飞机的克星。在1999年3月北约对南联盟的空袭行动中，一架美国F-117A战斗机倚仗先进的隐形性能有恃无恐单机飞进。当它快飞到贝尔格莱德上空时就被南军"塔马拉"雷达探测到和锁定住。南军地空导弹部队果断发射两枚老式萨姆-3型导弹，一举将它击落在贝尔格莱德以西40公里的布贾诺伏契村附近。"塔马拉"雷达打破了隐形飞机不可发现的神话。欢庆的南军民在F-117A残骸上举起嘲讽的标语："对不起，我们不知道你是隐形的！"

F-117A折戟令美国大为震惊。起初美国不相信F-117A会被"塔马拉"雷达截获，于是派专家专程赴捷克探询弗·佩赫。弗·佩赫十分自信地告诉他们："塔马拉"完全具备捕捉隐形飞机的本领。美国人突然意识到眼前的这位其貌不扬的

"雷达怪杰"是无价之宝，便请他移居美国。当年华约的"英雄"如今成了当年对手的"家里人"，真让人感叹世事变迁的无情。

案例：萧何是汉高祖刘邦的重要谋臣。刘邦进入关中以后，因萧何在行政管理、户籍管理方面很有一套，颇得民心。当时关中百姓只知有萧何，不知有刘邦。萧何的一个门客提醒他说："您不久将要被灭族了，您占据相国高位，功劳第一，是人臣之极，不可能再得到皇上恩宠。可是您自进入关中后，得到了百姓的拥护，深得民心，皇上几次问您的原因，就是怕关中百姓都跟着您跑啊！"

不久，南方少数民族起兵反汉，刘邦率军亲征，留吕后及萧何守关中，萧何趁机强占民田、美宅，强夺他人妻女为婢妾，一时间，民怨沸腾，怨声载道。高祖凯旋还朝时，老百姓拦路控诉萧相国。高祖心中有说不出来的高兴，只是表面上斥责萧何说："你自己去处理吧！"从此不再担心萧何会"功高震主"了。

启示："才高被人忌"，这是古今职场的通病，下属最好学会韬光养晦，大智若愚，才能善始善终。

33. 赫勒法则

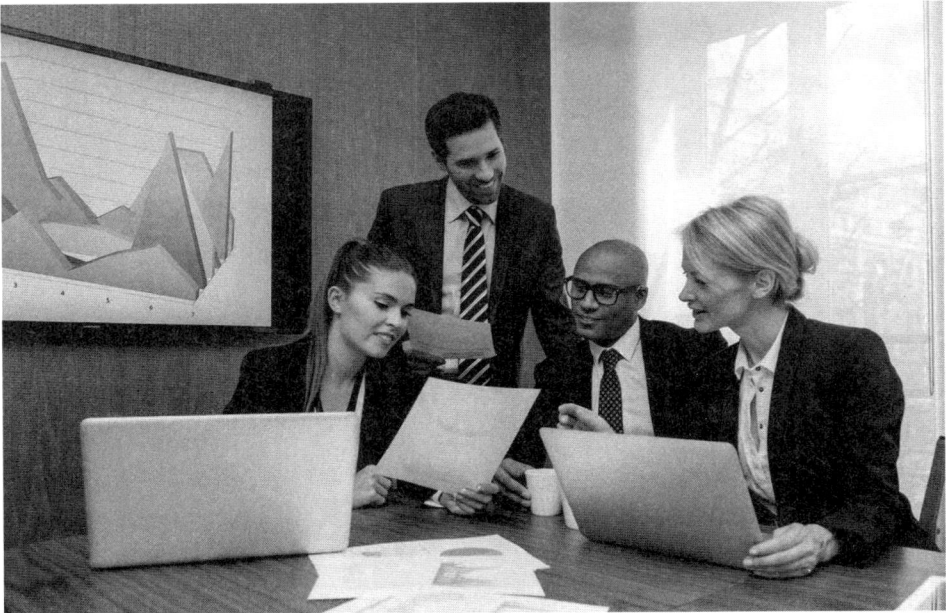

概念：当人们知道自己的工作成绩有人检查的时候会加倍努力。

起源：英国管理学家赫勒。

案例：美国著名快餐大王肯德基国际公司的连锁店遍布全球60多个国家和地

区，总数达9900多个。然而，肯德基国际公司在万里之外，又怎么能相信它的下属能循规蹈矩呢？

有一次，上海肯德基有限公司收到3份国际公司寄来的鉴定书，对他们外滩快餐厅的工作质量分3次进行了鉴定评分，分别为83、85、88分。公司中外方经理都为之瞠目结舌，这3个分数是怎么评定的？原来，肯德基国际公司雇佣、培训了一批人，让他们佯装顾客、秘密潜入店内进行检查评分。这些"神秘顾客"来无影、去无踪，而且没有时间规律，这就使快餐厅的经理、雇员时时感受到某种压力，丝毫不敢懈怠。正是通过这种方式，肯德基在最广泛了解到基层实际情况的同时，有效地实行了对员工的工作监督，从而大大提高了他们的工作效率。

启示：从本质上来说，人都是有惰性的。管理之成为必要，一部分原因也就在此。管理的主体是人，客体也是人，要提高员工的工作积极性，就要良好地运用起你手中的监督机制，调动好你的指挥棒。

34. 福克兰定律

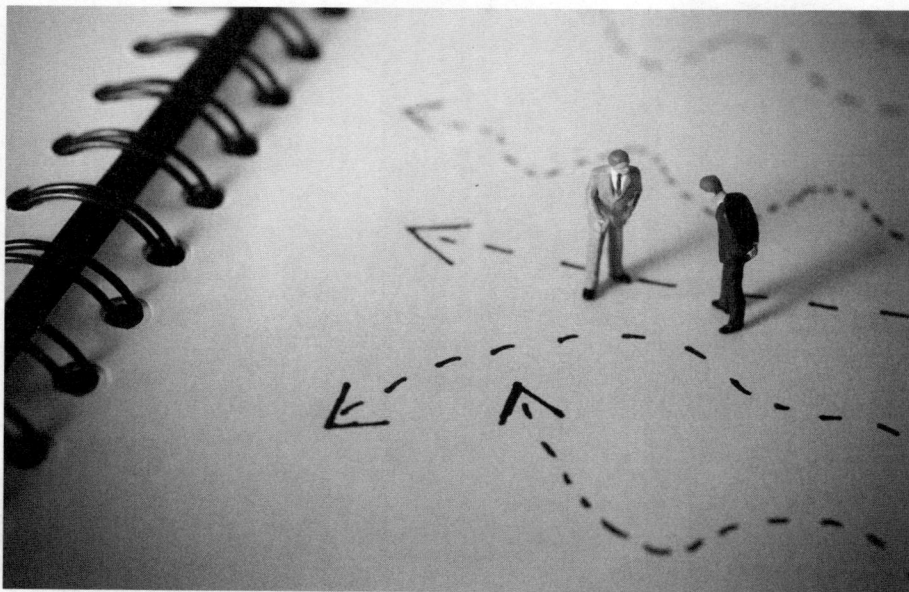

概念：没有必要作出决定时，就有必要不作决定。

起源：法国管理学家D·L·福克兰。

案例：美国以生产儿童玩具闻名的吉尔伯特公司就曾遭遇这种狼狈的局面。

吉尔伯特公司的强项是生产科技型的儿童玩具，譬如电动玩具、玩具显微镜和化学玩具等。尽管公司的规模不算最大，但每年的销售额却十分可观。公司生产的飞行牌火车和积木玩具曾经使一代又一代的美国儿童为之着迷。

进入20世纪60年代以后，电视作为一种全新的传播媒体改变了过去人们的接受习惯。借助电视广告，许多新型玩具如呼啦圈、蝙蝠车以及拼图魔方等在一夜之间风靡全国。这种促销手段，尽管收费不菲，但带来的收益甚是可观。

久负盛名的吉尔伯特公司对于玩具市场的这种变化反应迟钝，他们依旧注重过去的那种邮寄目录以及橱窗陈列的促销方式。对于新开张的自选式超级市场和廉价折扣店，吉尔伯特公司更是嗤之以鼻，不屑一顾。等到1961年底，公司的年销售额开始滑坡。

这时，公司犯了一个更加严重的错误，就是将公司52%的股权以400万美元的价格卖给杰克。

杰克把销售的滑坡归结于广告力度的不够和产品的老化，于是他在组织人员设计新产品的同时，将销售人员也增加了5%。事实证明杰克的决定是错误的，因为他将增加的宣传费用全都用在了传统媒体上，而新产品的开发也完全超出了公司的能力范围。杰克将公司有限的资金平均地投放到新开发的15种产品上，结果导致资金的大量积压和成本的不断增加。更让人不解的是，吉尔伯特所开发的新产品，实际上是前几年就已经风行市面的玩具，吉尔伯特只是在步人后尘而已，毫无新的创意。第二年的财务报表显示，公司不仅没有走出低谷，反而越陷越深，全年累计亏损。自此之后，吉尔伯特公司几经换将，也采取了不少自救措施，但都收效甚微，最终走上了破产的道路。

启示：我们不得不经常面对许多突如其来的状况，如果事前没有预料，遇事又手忙脚乱，就很可能作出错误的决定。当不知如何行动时，最好的行动就是不采取任何行动。

35. 鮣鱼效应

概念： 鮣鱼因个体弱小而常常群居，并以强健者为自然首领。然而，如果将一只较为强健的鮣鱼脑后控制行为的部分割除后，此鱼便失去自制力，行动也发生紊乱，但是其他鮣鱼却仍像从前一样盲目追随！这就是我们在企业管理中经常提到的"鮣鱼效应"。

起源： 德国动物学家霍斯特。

案例： 从1995年，马云出国去了西雅图，第一次接触互联网，开始萌生了互联网企业的想法。

1999年，18罗汉共同创立了阿里巴巴，成为我国最早的一批互联网企业。

2003年，阿里巴巴推出个人电子商务平台淘宝网，采用了免费的模式，打败了eBay，成为当下体量最大的线上购物平台。

此后，自建菜鸟物流网络、打造强大的支付宝支付工具、阿里云服务，战略投资或自营社交、教育、健康、硬件、传媒、文娱、金融、电视上午、O2O等各领域，形成了强大的阿里巴巴商业帝国。

当然，在这个发展壮大的过程中，有成功也有失败，但整个过程就像是头鱼一样，通过自身的技术研发、服务升级、改革创新、资本战略布局等，来换取行业的头鱼效应。

启示： 要想成为行业的领导者，你需要勇气；要成为领先者，你可能需要改革、创新；你可以换一个思维思考问题，去尝试新的业务或领域，来做出改变。

36. 垃圾桶理论

概念：企业员工面对一项决策时，会不断提出问题并给出相应的解决方案。这些方案实际上都被扔进了垃圾筒，只有极少数能够成为最终决策的组成部分。

起源：荷兰有一个城市为解决垃圾问题而购置了垃圾桶，但由于人们不愿意使用垃圾桶，乱扔垃圾现象仍十分严重。该市卫生机关为此提出了许多解决办法。第一个方法是：把对乱扔垃圾的人的罚金从25元提高到50元。实施后，收效甚微。第二个方法是：增加街道巡逻人员的人数，成效亦不显著。后来，有人在垃圾桶上出主意：设计了一个电动垃圾桶，桶上装有一个感应器，每当垃圾丢进桶内，感应器就有反应而启动录音机，播出一则故事或笑话，其内容还每两周换一次。这个设计大受欢迎，结果所有的人不论距离远近，都把垃圾丢进垃圾桶里，城市因而变得清洁起来。

案例：F药店的苏店长具有多年的管理经验，为了提高团队的执行力，他先后完善了药店的各项规章制度，并且常常抽时间到卖场去"盯岗"，监督员工的履职情况。

最初，因为制度缺席，部分员工工作作风散漫，比如上班期间经常说笑，随意接打手机等。

苏店长遂提出了"颁制度，严管理，高要求，狠处罚"的管理方针。该办法推行后，虽然在一定程度上制约了员工的行为，但苏店长很快发现还是有店员阳奉阴违。有一次他在卖场"监工"，发现有位店员在货架前接听手机，他严厉地批评了该店员，并处以经济处罚；还有一次，他发现一位店员并没有按照药店《服务规范》要求的那样，先对顾客微笑，然后说"您好"，马上就批评了该店员。但是，严格的管理并没有得到应有的效果，大家反而觉得苏店长更像一个"监工"，暗地里给他起了一个"苏老虎"的绰号。这令苏店长哭笑不得，他无论如何也不明白，为什么严格的管理却换不来团队的执行力？

启示：要解决员工在工作期间偷懒的问题，用监管和处罚的手段实际上也是很难奏效的，因为员工的工作成效主要还是要靠其用心努力。员工偷懒，是故意偷懒还是忙里偷闲？是员工自身的原因还是公司管理出了问题？具体问题要具体分析。

37. 洛伯定理

概念：对于一个经理人来说，最要紧的不是你在场时的情况，而是你不在场时发生了什么。

起源：美国管理学家洛伯。

案例：20世纪80年代中期，我国某重型汽车集团的三家汽车厂共同引进了奥地利斯泰尔的重型卡车技术，到90年代初大批投入市场。一次，斯泰尔公司一个年轻的售货服务人员到中国服务，见一辆斯泰尔车停在招待所的门口，车上落满灰尘。他从翻译那里得知，这辆车是其他厂制造的，出了问题让我们来修，由于生产任务紧，未来得及修理，只好停在这里。那位奥地利人问明情况后，二话没说，就一头钻进车底修了起来，翻译几次叫他吃完饭再修，他毫不理睬，直至修好为止。吃饭时他对翻译说："只要是斯泰尔车，不管是谁制造的，不管在哪里，都是我们斯泰尔的形象，我有责任把它修理好。"

启示：要想让员工在你不在场的时候知道该怎样做，则必须建立切实可行的制度和规程，并把责任落实在每个员工的身上。

38. 格瑞斯特定理

概念：杰出的策略必须加上杰出的执行才能奏效。

起源：美国企业家格瑞斯特。

案例：神州数码从联想公司独立出来后，曾经请麦肯锡公司为其制定未来5年的发展战略。总裁兼首席执行官的郭为从三种方案中选择了一条：供应链管理（分销）、软件集团和网络基础设备三箭齐发，最后汇合在IT服务的大旗下。按照麦肯锡的说法，只要做的话神州数码就可以在资本市场上达到若干倍的价值增长，但现实显然与蓝图相去甚远，神州数码的转型并不顺利。从2000—2003年，经过融资、并购、合作代理、拆分子公司等手段进行一系列的辗转，神州数码虽然确立了以IT服务为核心、以网络为基础的供应链服务及相关IT服务为支撑的基本战略框架。但是由于核心竞争力的欠缺，公司转型并没有真正到位，整体的业绩也没有上升的迹象，2003年的营业额较2002年上升了18.91%，但整体毛利率从2002年的9.2%下降到8.0%，其中系统集成业务竟比上一年下滑了12.8%。

启示：专业的战略设计、良好的蓝图规划，仅仅因为公司自身的不足和计划实施过程中的操作不当，全盘皆输。管理者应该意识到执行的重要性。

39. 避雷针效应

概念：善疏则通，能导必安。

起源：在高大建筑物顶端安装一个金属棒，用金属线与埋在地下的一块金属板连接起来，利用金属棒的尖端放电，使云层所带的电和地上的电逐渐中和，从而保护建筑物等避免雷击。

案例：中国对外经济贸易合作部原部长龙永图在中国入世谈判时曾选过一位秘书。当龙永图选该人当秘书时，全场哗然，因为这个人根本不适合当秘书。在众人眼中，秘书都是勤勤恳恳、少言少语的，讲话很少，做事谨慎，对领导体贴入微。但是龙永图选的秘书，处事完全不一样。他是一个大大咧咧的人，从来不会照顾人。每次龙永图和他出国，都是龙永图走到他房间里说，请你起来，到点了。对于日程安排，他有时甚至不如龙永图清楚，原本9点的活动，他却说9：30，经过核查，十有九次他是错的。但为什么龙永图会选他当秘书呢？因为龙永图是在其谈判最困难的时候选他当秘书的。当时由于谈判的压力大，龙永图的脾气也很大，有时候和外国人拍桌子，回来以后一句话也不说。每次龙永图回到房间后，其他人都不愿自讨没趣到他房间里来。唯有那位秘书，每次不敲门就大大咧咧走进来，坐到龙永图的房间就跷起腿，说他今天听到什么了，还说龙永图某句话讲得不一定对等等，而且他从来不叫龙永图为龙部长，都是"老龙"，或者是"永图"。他还经常出一些馊主意，被龙永图骂得一塌糊涂，但他最大的优点就是耐骂。无论怎么骂，他5分钟以后又回来了，哎呀，永图，你刚才那个说法不太对。

这位秘书是个学者型的人物，他对很多事情不敏感，人家对他的批评他也不敏感，但是他是世贸专家，他对世贸问题简直像着迷一样，所以在龙永图脾气非常暴躁的情况下，在龙永图当时难以听到不同声音的情况下，有那位耐骂的秘书对龙永图就显得分外重要了。

启示：只有及时疏导情绪，调节状态，才能全心全意的工作，冷静正确的做出各种决策。

40. 罗杰斯论断

概念：成功的公司不会等待外界的影响来决定自己的命运，而是始终向前看。

起源：美国IBM公司前总裁罗杰斯。

案例：2003年4月下旬，一位从外地出差回京的摩托罗拉员工出现SARS感染症状。摩托罗拉随后的一系列动作，给我们提供了一个危机管理的样本。

公司出现SARS感染者之后，摩托罗拉迅速按照危机管理系统制订出业务持续发展计划。首先对办公设施进行了彻底的清洁与消毒，暂时停止使用北亚中心楼内的中央空调系统，并建议多数员工5月6日至11日在家办公或使用备用的办公设施，少数员工在楼内办公。

摩托罗拉公司的危机管理系统及业务持续发展计划，在关键时刻保证了公司各项业务有序进行。公司实行了"轮班制"，安排员工轮流上班，既降低办公室的人员密度又保证工作持续进行。公司上下充分利用便携式电脑、高速拨号连接、电视、电话会议及其他办公设施，确保了业务的正常进行，成功地克服了SARS所带来的困难。

摩托罗拉的高明之处，就在于面对"危机"，不但能够化解其中的"危险"，还能把握住其中的"机会"。在公司发现SARS感染者不久之后，摩托罗拉公司总裁兼首席运营官麦克·扎菲罗夫斯基就马上访问了中国，拜见了政府领导人，向中国政府捐赠了大量的抗非典设备、现金和物资，与北京市政府签署了合作备忘录，慰问了在中国公司的员工，与客户见面，同媒体沟通。麦克·扎菲罗夫斯基几乎展示了一个处于危机中的公司领导人需要做的全部工作。

摩托罗拉公司的这一系列举措不仅使自己免遭了SARS危机的影响，而且通过与政府合作，为自己树立了良好的社会公益形象，对一个企业来说，这是一笔巨大的财富。

启示：对一个成功的企业领导者来说，他不会让外界的不利环境来决定企业的命运，而是会未雨绸缪，进行危机管理。即使遭遇了危机，也会从危机中发现机会，使自己的企业始终昂首向前。

第二章

科学教育定律

1. 鱼缸法则——给孩子提供自由成长的空间

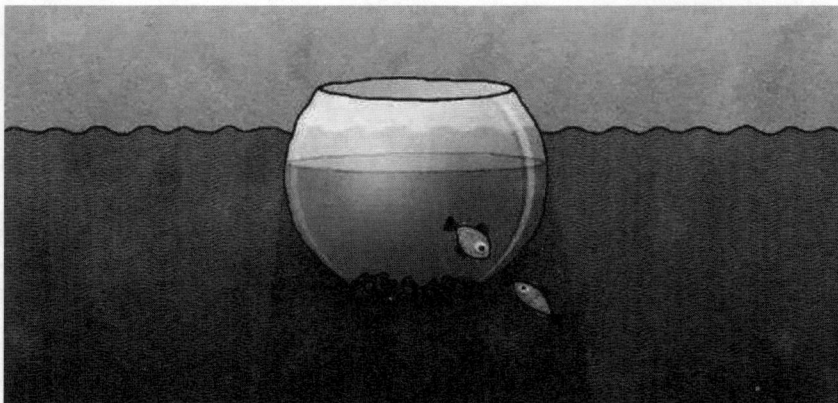

概念：对于孩子的教育，事实也是这样，孩子的成长需要自由的空间。要想使孩子长得更快，更大，就一定要给它活动的自由，而不要让它们拘泥于一个小小的鱼缸。后来人们把这种由于给孩子更大的空间而带来孩子更快发展的现象称为"鱼缸法则"。

起源：在美国一家国际公司的总部，进门之处放置着一个巨大的鱼缸，里面有几十条鱼，然而这些鱼的体型在两年之内没有多少变化，以至于有的员工工作了几年，都还不知道这些鱼原来是真的活着。

终于有一天，公司董事长的儿子来公司玩，一个不小心把鱼缸打破了，那些鱼只能被放置到外面的喷泉中。令人意外的是，在两个月之后，那些鱼的体型由原来的三寸变成了一尺。由原先几年的不见变化到短短两个月的成长，让我们感叹生命的奇迹。这就是我们所说的"鱼缸法则"。

案例：孩子们出去玩的时候，自己只是叮嘱了两句一定要在几点之前回家，孩子们就开始嫌弃自己唠叨了。明明以前让孩子们几点回家孩子们就会几点回家的。但是现在你让他几点回家他就偏偏要把时间往后拖。

其实这是因为在父母的长期控制之下孩子们的叛逆心理越来越强，他们感觉自己受到束缚了。他们觉得自己就是像鱼缸里的鱼一样，被人囚禁在了一个小小的天地之中，所有的事情都被自己的父母控制住了。

我们的这种"鱼缸式"养娃给孩子们带来了很大的伤害。在教育孩子们的过程当中，我们不能"鱼缸式"养娃，而应该给予孩子们自由发展的空间。

启示：限制给人带来的是生长的扭曲或是停滞不前，只有在自由的环境中，才能到得到更好的成长。

2. 罗森塔尔效应（也叫皮格马利翁效应）:对孩子进行积极期望

概念：罗森塔尔效应，亦称"皮格马利翁效应""人际期望效应"，是一种社会心理效应，指的是教师对学生的殷切希望能戏剧性地收到预期效果的现象。

起源：1968年的一天，美国心理学家罗森塔尔和L.雅各布森来到一所小学，说要进行7项实验。他们从一至六年级各选了3个班，对这18个班的学生进行了"未来发展趋势测验"。之后，罗森塔尔以赞许的口吻将一份"最有发展前途者"的名单交给了校长和相关老师，并叮嘱他们务必要保密，以免影响实验的正确性。其实，罗森塔尔撒了一个"权威性谎言"，因为名单上的学生是随便挑选出来的。8个月后，罗森塔尔和助手们对那18个班级的学生进行复试，结果奇迹出现了：凡是上了名单的学生，个个成绩有了较大的进步，且性格活泼开朗，自信心强，求知欲旺盛，更乐于和别人打交道。

案例：台湾著名作家三毛在散文《一生的战役》中写道："我一生的悲哀，并不是要赚得全世界，而是要请你欣赏我。"这个"你"，是她的父亲。有一天深夜，父亲读了三毛这篇文章，给她留条："深为感动，深为有这样一株小草而骄傲。"做女儿的看到后"眼泪夺眶而出"。三毛写道："等你这一句话，等了一生一世，只等你——我的父亲，亲口说出来，扫去了我在这个家庭用一辈子消除不掉的自卑和心虚。"

启示：作为教育者，无论是教师、家长或其他人员，对于受教育者充满信心，相信他们能发展得更好是很重要的。受教育者，特别是孩子对自己的了解往往首先是从教育者那里得到的。在他们生活中居重要地位的人物对于他们的看法和态度，就像镜子一样折射着他们的形象。如果他们感到教育者认为他们有能力，信任他们，那他们也认为自己是有能力的，是值得信任的，他们就能建立起应有的自尊，使自己有热情为做得更好而努力。如果教育者认为他们能力低下，不学好，不可救药，他们也会从这面镜子中看到自己令人沮丧的形象，从而也认为自己能力就是不如别人，自己很难改好，自己没有出路，那么他们就不能确立应有的自信与自尊，就不能有充分的自我价值感。他们会感到绝望，放弃任何积极的努力，走破罐破摔的道路。

3. 强化定律

概念：人的习惯是被培养的，无论是有意识的，还是无意识的。而事实证明，一个好的习惯，会让人走向成功，或者拥有好的心态。

起源：有一个鲸鱼实验。科学家在水里放一堵玻璃墙，鲸鱼和实物各放在一边。一开始，鲸鱼猛烈地撞击着玻璃，后来它终于发现，那是不可能的，所以，一段时间后，它不再撞击了。后来科学家把玻璃墙拆了，然而，鲸鱼还是如是有玻璃墙一样，只在自己那边活动。

案例：对于成长期的孩子来说，日常生活中的好习惯和坏习惯都同时存在，如何鼓励孩子保持好习惯，矫正不良习惯，一直是困扰父母的难题。如果适当运用强化/消失定律来做这项工作，事情就会变得容易很多。比如，父母如果在处理孩子的事情上奖惩分明，关注孩子正确的行为，使之强化；批评孩子的坏习惯，使之消失，孩子好习惯的培养一定会变得更为容易。

此外，孩子也会本能地使用强化定律。有时候，他们本能地通过某些行为或是消除另外一些行为来训练他们的父母，而不是他们的父母训练孩子。比较常见的例子是，当一位母亲教训她女儿时，年仅5岁的女儿会说："妈妈不再爱我了。"

大部分孩子都知道他们的父母渴望表达爱。因此，他们利用了这个微妙的问题来消除父母的惩罚行为。这样做的孩子通常能够取得成功。

启示：研究表明，21天就足以形成一个习惯。当然，如果要改变一个习惯，也跟这个习惯形成的时间有很大关联，改变会更难，要花费更多时间。所以，我们要注重孩子的细节，注重引导。一个好的习惯，就是一笔财富，他会享受一生的。

4. 狼性法则：培养孩子的好奇心

概念：狼是世界上好奇心最强的动物，即使是熟悉的环境、事物，它们都不认为是理所当然。大自然的一个松果，一块鹿角，都是它们的玩具。小狼也在好奇心的驱使下，不断学习，不断成长。

案例：在日本的铃木老师的学生里，这种情况也正在发生。寅次是位聪明的学生，他学什么曲目都比别人快很多。因而他不愿再多加练习。铃木老师知道，这对他以后能否成功很关键，没有得到巩固的课程，最终都无法学到更好。正因为此，他对他的学生采用的抽签教学法。将所有曲目编号，每堂课，让学生都随机抽一个曲目。这样，寅次因为是自己参与了这个游戏（也相当于参与了老师的教学，而事实上，这一切可还是在老师的掌握之中，因为结果达到了），因而也更努力地练习。

启示：我们常说，学习靠的是兴趣。然而，兴趣来自哪里呢。好奇心的培养，就是让人对一件事物有了解的欲望，进而他就会深入探究、学习。

5. 梦想法则：孩子的成长需要梦想

概念：一个人若心中怀揣梦想，便会在希望中生活，并不断地创造生命的奇迹。

案例：在比尔老师的课堂里，他布置了这样关于未来理想的作文。罗伯特同学描绘了一个200亩牧场，以及在这个牧场里纵马奔驰的情况，并为自己的设想画了一幅牧场图。比尔老师给了一个F的评价（即差的评价）。罗伯特满怀希望，却没有得到好的评价，他问了老师。老师的回答是，太不切合实际。因为罗伯特的父亲只是一位驯马师。他要求罗伯特重做一份作业，就可以给出一个好成绩。罗伯特思考再三，并没有那么做。多年来，这个F作业，就成了激励他的动力。多年以后，他果真拥有了200亩的牧场，当年迈的比尔老师来参观时，比尔老师泪流满面，要知道，他差一点就毁了一个孩子的梦想。

启示：只要有梦想，没有什么不可能！父母与其送孩子一个昂贵的礼物，不如想办法送他一个有意义的人生梦想。让孩子拥有梦想，呵护他的梦想，督促他在遇到挫折的时候坚守梦想，并教会孩子通过努力去实现梦想！梦想成真，水到渠成！

6. 南风效应

概念： 南风效应（South Wind Law）也叫做"南风法则"或"温暖法则"，它来源于法国作家拉·封丹写的这则寓言。它告诉我们：温暖胜于严寒。

起源： 法国作家拉·封丹曾写过一则寓言，讲的是北风和南风比威力，看谁能把行人身上的大衣脱掉。北风首先来一个冷风凛凛、寒冷刺骨，结果行人为了抵御北风的侵袭，便把大衣裹得紧紧的。南风则徐徐吹动，顿时风和日丽，行人因为觉得很暖和，所以开始解开纽扣，继而脱掉大衣。结果很明显，南风获得了胜利。

案例： 某小学一年级新生不适应学校生活，经常赖在家里不去上学，父母十分头痛。为此教师登门家访。学生对老师说："我不愿意上学！"老师微笑地说："你不去上学，我会想你的啊！"学生高兴极了，从此每天都早早地来到学校，她对同学说："老师可喜欢我啦，我不来上学教师会想我的！"巧借南风效应，让温暖的批评像春雨一样滋润孩子幼稚的心灵，会使教育教学变得自然流畅，学生自然会因爱上自己的老师，再接受老师的教育。

启示： 教育中采用"棍棒""恐吓"之类"北风"式教育方法是不可取的。实行温情教育，多点"人情味"式的表扬，培养孩子自觉向上，才能达到事半功倍的效果。

7. 自然惩罚法则：让孩子自己承担过错

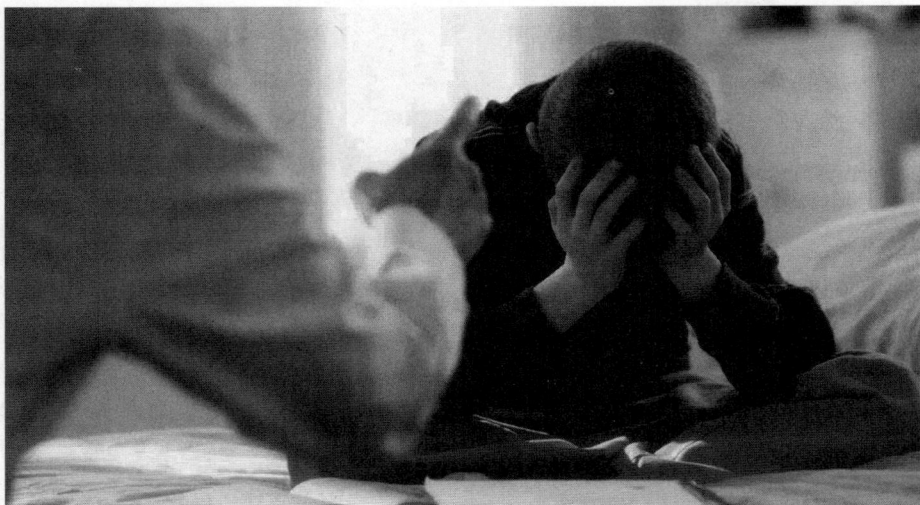

概念：当孩子在行为上犯了错误时，父母不应对孩子进行过多的指责，而应该让孩子自己承担错误直接造成的后果，给孩子以心理惩罚，使孩子在承受后果的同时感受心情的不愉快甚至是痛苦，从而让孩子自我反省，自觉弥补过失、纠正错误。

起源：卢梭认为，儿童所受的惩罚，正是他的过失所带来的自然结果。这就是自然惩罚。

案例：约翰一次又一次忘了带饭，妈妈也说了不知道多少次了，在他忘了的时候，她怕约翰饿着，就给他送过去了。有一天，妈妈知道了自然惩罚法，她跟约翰说，今天可别忘了带饭去学校，妈妈今天很忙，你要是忘了，只能自己饿肚子了。约翰答应着，饭却还是依然忘了带。他打电话给妈妈，撒娇着磨着妈妈，妈妈还是决定不管他。于是，约翰饿着肚子过一下午。回家里，约翰生着气，妈妈还是不理他。后来，他终于能做到不忘记了。

启示：每个人都要为自己的行为负责，你的过失，不可能由别人来承担。他自己感受经历的东西，往往比我们传教给他的深刻。

8. 尊重法则：心灵的成长需要尊重

尊重孩子

概念： 自尊心是不甘落后，相信自己不比别人差的一种情感体验。

起源： 鲁迅先生说过，对孩子"小的时候不把他当人，大了以后，也做不了人"。

案例： 在一个老师的课堂里，老师拿出一本著名漫画家的书，告诉孩子们这本书里的故事，也叫孩子们自己讲一个故事，并让他们画出来。虽然孩子们的故事很不成故事，画的也不成样，老师还是很认真的记下来，并将记下的故事跟画装在一起。他告诉大家，这是你们写的第一本书，现在你们小，以后长大了，就能写出好的书来，也会成为伟大的人物。要让孩子真正长大成人，就应该让孩子从小就"站着"，而不是"趴着"去仰视那些大人物。这种对等的方式，可以让孩子有一个自信和健全的人格。

启示： 尊重孩子，把他看作一个独立的人，尊重他的隐私，尊重他的选择，尊重他的朋友，常跟他交流，多加尊重，合理引导，他就会得到更好的成长。因而，当我们看到有大人为孩子争着要少钱减票的时候，我们知道，你省下的仅仅是钱而已。

9. 延迟满足：从小培养孩子的耐心

概念：延迟满足是指一种甘愿为更有价值的长远结果而放弃即时满足的抉择取向，以及在等待期中展示的自我控制能力。它的发展是个体完成各种任务、协调人际关系、成功适应社会的必要条件。

起源：20世纪60年代，美国斯坦福大学心理学教授沃尔特·米歇尔（Walter Mischel）设计了一个著名的关于"延迟满足"的实验，这个实验是在斯坦福大学校园里的一间幼儿园开始的。研究人员找来数十名儿童，让他们每个人单独待在一个只有一张桌子和一把椅子的小房间里，桌子上的托盘里有这些儿童爱吃的东西——棉花糖、曲奇或是饼干棒。研究人员告诉他们可以马上吃掉棉花糖，或者等研究人员回来时再吃还可以再得到一颗棉花糖作为奖励。他们还可以按响桌子上的铃，研究人员听到铃声会马上返回。对这些孩子们来说，实验的过程颇为难熬。有的孩子为了不去看那诱惑人的棉花糖而捂住眼睛或是背转身体，还有一些孩子开始做一些小动作——踢桌子，拉自己的辫子，有的甚至用手去打棉花糖。结果，大多数的孩子坚持不到三分钟就放弃了。"一些孩子甚至没有按铃就直接把糖吃掉了，另一些则盯着桌上的棉花糖，半分钟后按了铃"。大约三分之一的孩子成功延迟了自己对棉花糖的欲望，他们等到研究人员回来兑现了奖励，差不多有15分钟的时间。

案例：有一位一年级孩子的妈妈向我咨询孩子教育的问题。咨询过程中，她向我谈了这么一件事：暑假时，她带着孩子外出旅游，一开始住在某大城市，宾馆条件很好。从这个大城市出发之后，跟旅游团走，所以，居住条件相对差一些。当时，孩子就表现出不高兴的样子。妈妈和孩子解释：这一次带的钱不多，不能住好宾馆，才算了事。

在"十一"长假的前几天，孩子又和妈妈提出旅游的事，而且告诉妈妈这一次要多带点钱，不住上一次那样条件差的旅社。孩子的要求使妈妈警醒，她决定，不马上满足孩子的要求，或延迟满足，或降低满足。于是，她和孩子说："十一"前，家里花销比较大，最近，生意又不太好做，妈妈手里的钱不太多。要"十一"旅游，只能住条件比较差的旅社，要不就拖后一段时间，等到哪一个周末或寒假，家里有钱的时候再去旅游。

这是一个很好的延迟满足和降低满足的案例。这位妈妈很理性，当她发现孩子在物质追求和享受方面有过高要求时，及时踩了刹车。这样，让孩子知道，要想去旅游，妈妈就要努力工作去赚够钱才行，长大之后，要实现一些个人的愿望也只能靠自己的努力。另外，延迟满足后，再去旅游，他对旅游的乐趣才会感受的更深，而不会去更多地去顾及物质条件的优劣了。

启示：爱孩子，就要培养让孩子幸福的品质。让孩子在延迟满足中学会克制、学会期待、学会感激、学会珍惜、学会奋斗，体验成功的快乐和人生的幸福。

10. 感觉剥夺：自己品尝生活的滋味

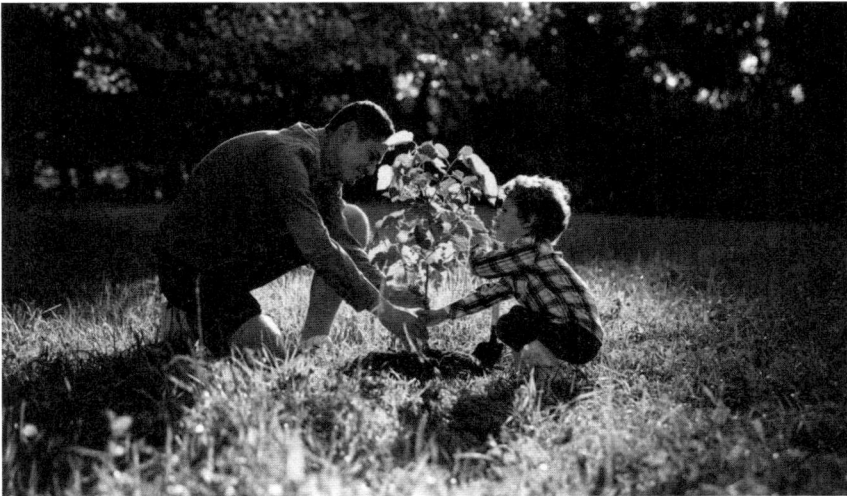

概念：感觉剥夺（sensory deprivation）是指在动物个体发育初期采取适当手段，使之不能获得某种或某几种刺激。对个体行为发展会造成严重影响。

起源：加拿大蒙特利尔海勃实验室的心理学家进行了"感觉剥夺"实验。实验者戴上半透明的护目镜，限制其视觉；用单调的声音限制其听觉；在他们手臂上戴上纸筒套袖和手套，用夹板固定腿脚，来限制其触觉。被实验者被安排在几个单独的实验室里，几个小时后，他们就开始感到恐慌，进而产生幻觉，连续三四天后，他们产生了许多病性心理现象：对外界刺激敏感，出现错觉、幻觉，注意力涣散，思维迟钝，产生紧张、焦虑、恐惧等负面情绪，精神上感到难以忍受的痛苦，他们急切要求停止实验。实验停止后数日，他们才慢慢恢复正常。

案例：平时我姐姐总是会给孩子准备爱心早餐，有一次给孩子做了小猪形状的包子，还抹上了甜甜的玉米酱，一不小心抹了点酱汁在孩子手上，他就喊着他妈妈赶紧给他擦掉，然后那个包子一点也没有吃，就一个劲地检查手上还脏不脏。

侄子出门玩的时候总是要妈妈抱着，这也不坐，那也不碰的，总是一个劲地说"脏脏脏"，没办法最后只好让孩子回家自己玩了，姐姐还高兴地说："我家宝宝这么爱干净，真是讲卫生的好宝宝，还懂得帮妈妈减少工作量了。"

启示：其实看看我们周边的确是有很多这样的孩子，一直都被父母呵护着，一句"这个脏，不要碰"，一句"哎呀，怎么弄得这么脏，真是不听话"，让孩子一直都认为这个世界"脏"是无处不在的，是危险的。但是医生却说道，大人一直给小孩子灌输这样的思想，导致孩子都没有兴趣去探索或是尝试了。这样子对于孩子以后的发展是弊大于利的。父母总以为这是为了孩子好，却不小心剥夺了孩子探索世界的机会。

11. 路径依赖：从小养成好的习惯

概念：人类社会中的技术演进或制度变迁均有类似于物理学中的惯性，即一旦进入某一路径（无论是"好"还是"坏"）就可能对这种路径产生依赖。一旦人们做了某种选择，就好比走上了一条不归之路，惯性的力量会使这一选择不断自我强化，并让你轻易走不出去。

起源：第一个使"路径依赖"理论声名远播的是道格拉斯·诺斯《经济史中的结构与变迁》一文，由于用"路径依赖"理论成功地阐释了经济制度的演进，道格拉斯·诺斯于1993年获得诺贝尔经济学奖。

诺斯（D.C.North）创立了制度变迁的"轨迹"概念，目的是从制度的角度解释为什么所有的国家并没有走同样的发展道路，为什么有的国家长期陷入不发达，总是走不出经济落后制度低效的怪圈等问题。诺斯考察了西方近代经济史以后，认为一个国家在经济发展的历程中，制度变迁存在着"路径依赖"（path dependence）现象。

诺斯认为，"路径依赖"类似于物理学中的惯性，事物一旦进入某一路径，就可能对这种路径产生依赖。这是因为，经济生活与物理世界一样，存在着报酬递增和自我强化的机制。这种机制使人们一旦选择走上某一路径，就会在以后的发展中得到不断的自我强化。

案例：从前一位穷人，捡到一本书里，说有一种点铁成金石。他按照书的方法，日复一日，年复一年去寻找点铁成金石。他为了辨别是自己曾找过的石头，将那些普通石头都扔到大海里，有一天，他碰到了那块点铁成金石，习惯地就扔到海里。回过神来的时候，已经无法再找到了。

启示：习惯的力量是强大的，所以教育就是要培养一种好的习惯。一个好吃懒做，好睡懒觉的人，很难做到勤奋学习。

12. 倒U形假说：给孩子适当压力

概念：倒U形假说，亦称"贝克尔境界"，说明成绩与唤醒水平之间关系的理论假设，由叶克斯和多德森于1908年创立。认为每项任务都有一个最佳的唤醒水平，未达到或超过这个最佳点，活动效率（成绩）即会下降，成绩与唤醒水平之间呈倒U形曲线关系：当唤醒水平由低向上变化时，运动成绩会有所提高，直至达到最佳唤醒水平；而当唤醒水平进一步提高，运动成绩则会下降。完成任何一种运动技能都遵循这一规律，每种运动技能都有其取得最佳成绩的最佳唤醒水平。不同运动项目或同一运动项目中不同的运动技能均有不同的最佳唤醒水平。该理论假设在实际情境中无预测效度，有一定局限性。

起源：倒U形假说，是在一个国家经济发展初期，区域之间的经济差异一般不是很大；但是，随着国家经济发展速度的加快，区域之间的经济差异将不可避免地扩大；而当国家的经济发展达到较高的水平时，区域之间的经济差异扩大趋势就会停止，并转变为不断缩小的趋势。这个变化过程就好像倒写的U字，所以，人们把它称之为倒U字假说，也有人把它叫做铃形假说。

阐释：在孩子的学习过程中，如果孩子的负担过重，长期处于紧张状态，学习效果就会越来越差。作为家长必须重视这一效应，采取有效措施，既不要对孩子提出过多、过高的要求，也要设法帮助孩子按时完成任务，适当缓解孩子的紧张情绪，让孩子学得愉快。

父母要找到孩子一个最佳压力点，在这个点时，孩子的效率最高，潜力也更能被发挥和挖掘出来。

给予孩子适当的期望是确定"最佳施压点"的一个基础，也是重点部分。父母给予孩子的压力不能太多，也不能太少。

压力就像是一把弓，太多压力，孩子会一直处于一个紧绷的状态，最终弓迟早会断掉。压力太少也不行，弓会变得很松，根本拉不起来，自然也无法将箭准确地射出去。

在确定最佳施压点之前，父母首先应该要足够了解孩子。不同性格、思维方式的孩子，所能承受的最大压力是不同的。父母应该多多观察孩子，了解孩子处理事情的思想和习惯。

启示：压力太小，没有动力；压力太大，又成为阻力；只有压力适中，才能成为激励人的动力。

13. 破窗理论——注重环境对孩子的影响

概念：认为环境中的不良现象如果被放任存在，会诱使人们仿效，甚至变本加厉。以一幢有少许破窗的建筑为例，如果那些窗不被修理好，可能将会有破坏者破坏更多的窗户。最终他们甚至会闯入建筑内，如果发现无人居住，也许就在那里定居或者纵火。一面墙，如果出现一些涂鸦没有被清洗掉，很快的，墙上就布满了乱七八糟、不堪入目的东西；一条人行道有些许纸屑，不久后就会有更多垃圾，最终人们会视若理所当然地将垃圾顺手丢弃在地上。这个现象，就是犯罪心理学中的破窗效应。

起源：美国斯坦福大学心理学家菲利普·津巴多（Philip Zimbardo）于1969年进行了一项实验，他找来两辆一模一样的汽车，把其中的一辆停在加州帕洛阿尔托的中产阶级社区，而另一辆停在相对杂乱的纽约布朗克斯区。停在布朗克斯的那辆，他把车牌摘掉，把顶棚打开，结果当天就被偷走了。而放在帕洛阿尔托的那一辆，一个星期也无人理睬。后来，辛巴杜用锤子把那辆车的玻璃敲了个大洞。结果呢，仅仅过了几个小时，它就不见了。

以这项实验为基础，政治学家威尔逊和犯罪学家凯琳提出了一个"破窗效应"理论，认为：如果有人打坏了一幢建筑物的窗户玻璃，而这扇窗户又得不到及时的维修，别人就可能受到某些示范性的纵容去打烂更多的窗户。久而久之，这些破窗户就给人造成一种无序的感觉，结果在这种公众麻木不仁的氛围中，犯罪就会滋生、猖獗。

案例：一次，陶行知看到学生王友用泥块砸同学，当即制止，让他放学后到校长室。陶行知来到校长室，王友已等在门口准备挨训了。没想到陶行知却给了他一颗糖，并说："这是奖给你的，因为你很准时，我却迟到了。"王友惊疑地瞪大了眼睛。陶行知又掏出第二颗糖对王友说："这第二颗糖也是奖给你的，因为我不让你再打人时，你立即就停止了。"接着，陶行知又掏出了第三颗糖："我调查过了，你砸那些男生，是因为他们不遵守游戏规则，欺负女生；你砸他们，说明你很正直善良，且有跟坏人作斗争的勇气，应该奖励你啊！"王友感动极了，哭着说："陶校长，你打我两下吧！我错了，我砸的不是坏人，是自己的同学……"陶行知这时笑了，马上掏出第四颗糖："为你正确地认识错误，我再奖给你一颗糖。"

启示：坚持正面教育，激发孩子们的荣誉感和自尊心，帮助孩子们解开思想上的疙瘩，促使孩子们知错就改。多肯定，少否定，忌挑缺点。

14. 天赋递减法则：教育孩子越早越好

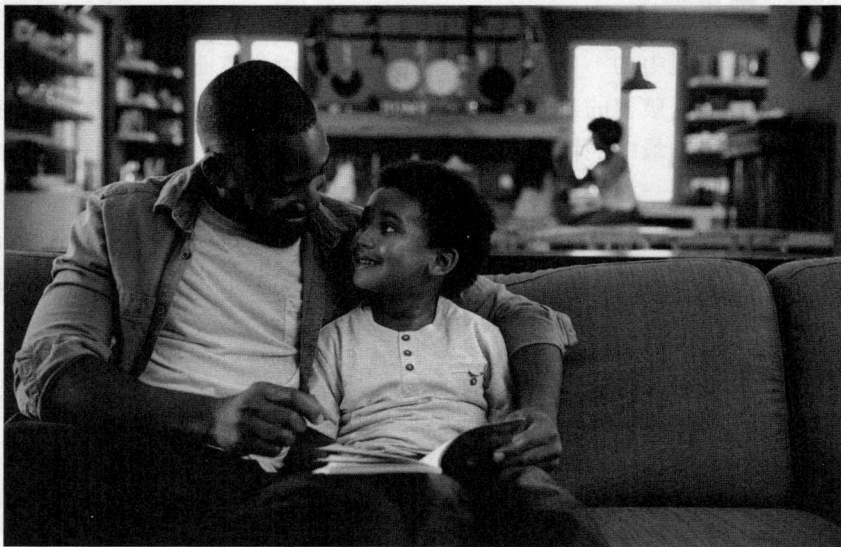

概念：一个人如果从五岁开始教育，将来最多也只能达到他潜能的八十分，如果从十岁开始教育，他最多只能达到潜能的六十分。也就是说，得到的教育越早，与生俱来的天赋和潜能才能越好的发挥，反之，这种潜能就发挥得越少。

案例：前段时间，朋友孩子100天，她帮孩子拍留念艺术照片，顺便请我去家里一起吃饭，晚饭后，孩子奶奶对孩子说了一段话，太让我震撼了，孩子当时躺在沙发上，奶奶笑笑的望着孩子，并对孩子说道："a""o""e"。

啊，没想到，奇迹的事情发生了，孩子竟然也跟奶奶说出一样的啊，也是说的"a""o""e"，虽然说的不是很标准，但是能够听得出孩子说出来的话就是模仿奶奶的语言，当时所有人都笑得好开心，一直说，这孩子太聪明了，以后会比别人家的孩子更聪明，果然，这孩子7个月就会叫爸爸，妈妈，叔叔，12个月会自我介绍。

可见，孩子的潜能是从出生就开始的，只是很多人没有重视，现在，还有很多孩子2岁才会说几句话，并不会把整句话表达出来，就像达尔文所说，孩子的培养从0岁开始。

而我们的大脑是需要被开发的，也需要引导的，对待孩子也一样，如果一个孩子从出生到3岁，家长完全不教，那么孩子会那么优秀吗？

事实上是，我朋友从孩子出生那一刻开始每天坚持和孩子对话，精细到她做什么事情，都跟孩子说，每天都给孩子输入语言，那么孩子的语言能力肯定不会差，孩子在同龄人里就已经具备了比其他孩子拥有了更多的潜能。

启示：越早发现孩子的天赋并培养，孩子越有可能有大成就。

15. 超限效应：不要过多的批评孩子

概念：超限效应是指刺激过多、过强或作用时间过久，从而引起心理极不耐烦或逆反的心理现象。

起源：马克·吐温听牧师演讲时，最初感觉牧师讲得好，打算捐款；10分钟后，牧师还没讲完，他不耐烦了，决定只捐些零钱；又过了10分钟，牧师还没有讲完，他决定不捐了。在牧师终于结束演讲开始募捐时，过于气愤的马克·吐温不仅分文未捐，还从盘子里偷了2元钱。而这种由于刺激过多或作用时间过久，而引起逆反心理的现象，就是"超限效应"。

案例：新学期，我担任三年级班主任。做了多年的五年级班主任，忽然面对刚从二年级升上来的孩子，我有些不知所措了。每天的语文作业都会有十个八个同学画成了"虾兵蟹将"，还有一半以上同学照抄还有错字，数学老师、英语老师每天都会向我反映某某同学的作业一塌糊涂，某某同学上课做小动作……我一个头两个大。于是，每天我都不忘进行批评教育，还利用军训时间反复进行思想教育，可就是不见一点儿效果。

抱怨过，愤懑过，失望过。当倍感无助的时候，我猛地意识到：一定是哪里出错了！很庆幸自己已考取国家三级心理咨询师，所以第一时间我想到了心理学，想到了《教育中的心理效应》这本弥足珍贵的书。伴着悠悠墨香，我的目光驻足31页——超限效应。是啊，批评频率那么高，早就超限了，何况我面对的是不足十岁的孩子啊！我及时运用心理学知识，反思不足，找寻新对策。

恰逢学校组织队列比赛，我们班级还获得了第一名的好成绩。我紧抓这一时机，鼓励孩子们："因为我们付出了努力，因为我们在军训中严格要求自己，因为我们有团队精神，所以我们获得了第一名。只要我们有信心，用军训中的精神要求自己，那么我们的班级一定能成为强大的集体"。随后，我强调学习要求，要求孩子们从规范作业做起，每天各科作业完成后必须认真检查……孩子们第一次全部耐心地倾听我的教诲，没有一个人做小动作。

意想不到的事情发生了。语文作业本上每个孩子的字迹都是那么工工整整、认认真真。我心里别提多高兴了！于是，语文课上，我表扬了书写美观的同学，让他们到台前展示作业，让全班观摩学习。孩子们露出了甜甜的笑容。那一刻，奇妙的心理学就是魔法师，把孩子们的懒散、马虎变没了，变出了认真的学习态度，还有积极的学习热情。连数学老师也表示，孩子们的作业做得明显比以前认真，正确率提高了。

启示：当人过度的时候，最适意的东西也会变成最不适意的东西。学生犯了错误，千万不能重复同样的批评。如果批评一次实在不起作用，一定要设法转变批评方式、批评语句，如此，学生的厌烦与反抗心理才会降低。

16. 木桶定律：让孩子全面地发展

概念：一只水桶盛水的多少，并不取决于桶壁上最高的那块木块，而恰恰取决于桶壁上最短的那块。

起源：水桶原理是由美国管理学家彼得提出的。说的是由多块木板构成的水桶，其价值在于其盛水量的多少，但决定水桶盛水量多少的关键因素不是其最长的板块，而是其最短的板块。这就是说任何一个组织，可能面临的一个共同问题，即构成组织的各个部分往往是优劣不齐的，而劣势部分往往决定整个组织的水平。

案例：今年我新接了一个班，最令我头疼的是班里总有那么几个孩子不交家庭作业，为了改变这种现象，我绞尽脑汁想了种种方法，都不尽如人意。有一天我看到一个故事"木桶效应"。

我把同学们每4人一小组，小组名以组长的名字命名，写到黑板的一角。每天小组捆绑得分，假如组内有3个人作业全对就得3分，4个人全对奖励1分共得5分。如果有1人不完成作业就要被扣掉4分。每周一评比，前4名的小组在各组的苹果树上得到一个苹果，前2名的小组还能在班会上得到老师的小礼物。

为了让组长负起责，更好地督促组员完成作业，针对我们学校既有住校生又有走读生这个特点，每个小组我安排了两个组长，一个收走读生的作业，一个收住校生的作业。组长收齐了再交给课代表，这样一来，谁没有交作业课代表一目了然，也便于我的掌握。

经过几天的实验，结果有了很大的转机，孩子们的作业认真完成的多了，每天同学们看到因为自己作业做得好给组里加了分，得意之情便会溢于言表，每当看到因为自己过错，自己的组里没有得分就会难过地低下头。过了不久，不交作业的现象再也没有出现。孩子们养成了认真对待每一次作业的好习惯。

启示：成功取决于它的整体状况，特别取决于它的某些薄弱环节。只要齐心协力取长补短，就会取得好的成绩。

17. 手表定律——教育不要自相矛盾

概念：手表定律是指拥有两块以上的手表并不能帮人更准确的判断时间，反而会制造混乱，让看表的人失去对时间的判断。

手表定理所指的另一层含义在于每个人都不能同时挑选两种不同的行为准则或者价值观念，否则那个人的行为将陷于混乱。

起源：森林里生活着一群猴子，每天太阳升起的时候它们外出觅食，太阳落山的时候回去休息，日子过得平淡而幸福。

一名游客穿越森林，把手表落在了树下的岩石上，被猴子猛可拾到了。聪明的猛可很快就搞清了手表的用途，于是，猛可成了整个猴群的明星，每只猴子都向猛可请教确切的时间，整个猴群的作息时间也由猛可来规划。猛可逐渐建立起威望，当上了猴王。

做了猴王的猛可认为是手表给自己带来了好运，于是它每天在森林里寻找，希望能够拾到更多的表。功夫不负有心人，猛可又拥有了第二块、第三块表。

但出乎猛可的意料，得到了三块手表的猛可有了新的麻烦，因为每块手表的时间显示的都不相同，猛可不能确定哪块手表上显示的时间是正确的。群猴也发现，每当有猴子来问时间时，猛可总是支支吾吾回答不上来。猛可的威望大降，整个猴群的作息时间也变得一塌糊涂。

只有一块手表，可以知道时间；拥有两块或两块以上的手表并不能告诉一个人更准确的时间，反而会让看表的人失去对准确时间的信心。这就是著名的手表定律。

案例： 妈妈教育孩子时，爸爸如果总是加以诋毁，对孩子说"别听你妈妈的，她不懂"，孩子就会对妈妈的教导不以为然。如果长辈参与带孩子，年轻父母应在尊重的前提下与长辈沟通好，尽量让教育理念和行为相一致。

前段时间"虎妈猫爸"的家庭教育模式通过一部电视剧被广为人知。并且，在我们身边，"虎妈猫爸"数不胜数。该部电视剧除了表现出妈妈的强势以外，更重要的是孩子的父母双方以及长辈对孩子的教育理念之间的碰撞。父母之间对孩子的教育理念完全不同，一个主张赢在起跑线，一个主张快乐童年。最直接的影响就是导致孩子夹在两个大人之间无所适从，而父母双方由于不同的意见发生争吵也对孩子造成不可磨灭的影响。

启示： 父母教育子女若各持各的观点，孩子就不知听谁的，将无所适从，身心都陷于矛盾中。为了让孩子得到更好的成长，父母双方首先要统一意见，然后给孩子设定明确的准则。

18. 禁果效应：如何对待孩子的早恋

概念： 禁果效应也属于逆反心理，它的定律是对某事物越是充分的禁止反而会激发人们更强烈的探究欲望。

起源："禁果"一词源出《圣经》。它讲的是，一名叫夏娃的年轻人原本对智慧树上的果实熟视无睹，但上帝着重强调不准任何人偷摘果实，这引起了夏娃的注意和兴趣，最终他偷吃了禁果，被贬人间。人们将这种被禁果所吸引的心理现象，称之为"禁果效应"。

案例：15岁的韦尔奇喜欢上班上的一位女生，不知道怎么办。老师告诉他说：像你这么大的时候，我也喜欢上一个小女孩。但父亲说，这个小女孩不是世界上最漂亮的，最漂亮的应该在最优秀的大学里。后来，我就努力地考上了一所世界知名的大学。果然这里有很多漂亮的女孩，只要我愿意，我可以和他们任何一个交朋友。现在，亲爱的韦尔奇，你认为你说的这个女孩是世界上最漂亮的女孩吗？

韦尔奇摇摇头，最后，他考上了一所好的大学。在大学后，他又碰到同样的问题，他告诉他以前的老师。老师告诉他，工作以后还有更多的女孩子等着你去选择。

启示：早恋对青少年而言是正常的，家长不必把它看成大逆不道的滔天大罪，施以重压。更不应该粗暴干预，而应该理解他们的需求，帮助孩子树立正确的爱情观，了解爱的真谛，以平等的姿态与他们交流自己对人生、爱情、学业的感悟。

19. 甘地夫人法则：让孩子勇敢面对挫折

概念：其实所谓的甘地夫人法则是指一则小故事，印度前总理甘地夫人的大儿子要进行一场手术，医生怕孩子因遭受不了挫折而心生懊悔，于是便让甘地夫人用善意的谎言来欺骗孩子以求更大的保全。然而甘地夫人却没有这么做，她把病情的状况以及手术的形式完完全全地告诉给了大儿子，大儿子不但没有害怕，反而懂得直面挫折，最后成了一个更加勇敢坚强的人。

起源：甘地夫人的儿子拉吉夫12岁时，因病要做手术。面对紧张、恐惧的拉吉夫，医生打算说一些：手术并不痛苦，也不用害怕等善意的谎言。可是，甘地夫人却认为，孩子已经懂事了，那样不好，她阻止了医生。她平静地告诉拉吉夫：手术后有几天会相当痛苦，这种痛苦谁也不能代替，哭泣或喊叫都不能减轻痛苦，可能还会引起头痛，所以你必须勇敢地承受它。手术后，拉吉夫没有哭，也没有叫苦，他勇敢地忍受了这一切。

案例：史铁生，18岁那年面临双腿瘫痪，也曾经对人生充满了怀疑。索性他在家人朋友的鼓励下，拿起纸笔，笔耕不辍，最终写出了很多励志文章。即使后来又患肾病并发展到尿毒症，需要靠透析维持生命。他依然自称"职业是生病，业余在写作"。他创作的散文《我与地坛》鼓励了无数的人。

启示：在现实生活中，挫折时常出现，就很多挫折常常无法避免，让孩子勇敢面对，他以后的人生道路会更平稳。只有善用甘地夫人法则，让孩子懂得直面挫折，才能使他飞得更高、飞得更远。

20. 真爱法则：教育的真谛是爱

概念：爱，并不是孩子要什么就给他什么，也不是给他多少钱满足他的物质需要，而是给孩子一种精神上的温暖和鼓励，让他明白父母的苦心和期望，从而改变自己不良的行为状态。

起源：美国"儿童问题"专家，教育学家威廉。

案例：布赖恩有一个嗜酒如命的单身母亲，在缺少家庭温暖的情况下，是什么让他去上学的呢。他说：每年都至少有一位老师夸我的作业。因为他们，我才坚持着做我的作业。上中学了，我已失去继续学习的动力，我的中学校长知道了我的情况，他照顾我，关心我，每次逃学，他总会把我叫到办公室去谈话，就像老爸一样。所以，我顺利地考上一家不错的高中。但进入高中，没人再像以前的校长关心我了，后来我又不断逃课，跟一些小混混在一起，最后，一起群殴事件，进了少年犯管教所，在这里，遇到一位慈爱的老师。在他的帮助下，我又对读书充满兴趣，完成高中课程，并考上一所文科艺术学院，并获得全额奖学金，在读书期间因参加全美大学生艺术创作大赛获得一等奖而闻名全国。

启示：爱是一个孩子向前的全部力量，教育的秘诀就是爱，教育的捷径就是爱之路。在孩子调皮时，给他真爱，是用心的关怀、交流，而不是下结论，放任自流。

21. 马太效应（两极分化现象）

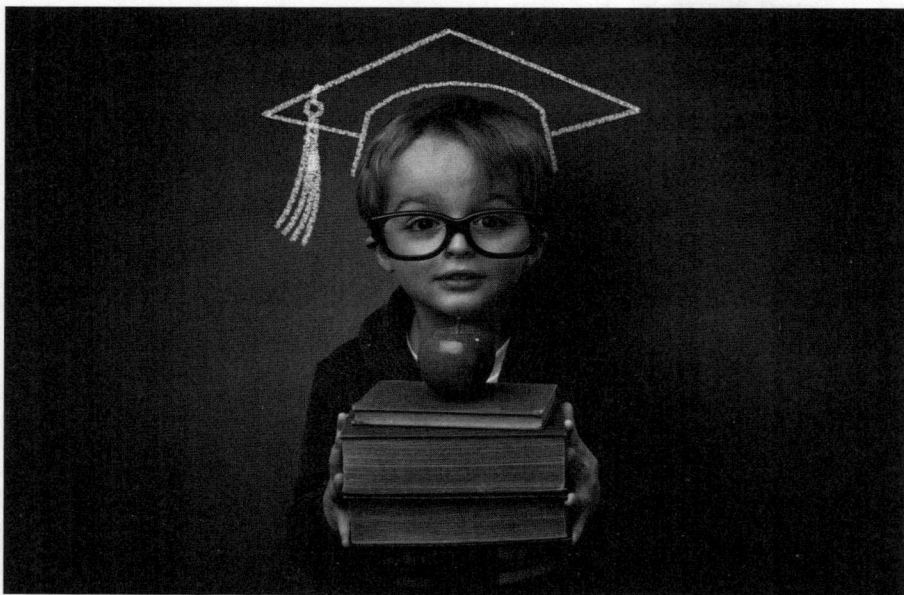

概念：马太效应（Matthew Effect）是指强者愈强、弱者愈弱的现象，广泛应用于社会心理学、教育、金融以及科学领域。马太效应，是社会学家和经济学家们常用的术语，反映的社会现象是两极分化，富的更富，穷的更穷。出自圣经《新约·马太福音》一则寓言："凡有的，还要加倍给他叫他多余；没有的，连他所有的也要夺过来"。表面看起来"马太效应"与"平衡之道"相悖，与"二八定则"类似，但是实则它只不过是"平衡之道"的一极。

起源：马太效应的名字就来源于圣经《新约·马太福音》中的一则寓言：从前，一个国王要出门远行，临行前，交给3个仆人每人一锭银子，吩咐道："你们去做生意，等我回来时，再来见我。"国王回来时，第一个仆人说："主人，你交给我的一锭银子，我已赚了10锭。"于是，国王奖励他10座城邑。第二个仆人报告："主人，你给我的一锭银子，我已赚了5锭。"于是，国王奖励他5座城邑。第三个仆人报告说："主人，你给我的1锭银子，我一直包在手帕里，怕丢失，一直没有拿出来。"

于是，国王命令将第三个仆人的1锭银子赏给第一个仆人，说："凡是少的，就连他所有的，也要夺过来。凡是多的，还要给他，叫他多多益善。"这就是"马太效应"，反映当今社会中存在的一个普遍现象，即赢家通吃。

阐释：这个效应在社会的教育中也体现得淋漓尽致，父母重视教育，给予孩子更好的教育资源，让孩子养成了良好的学习习惯，孩子学习就会越来越轻松，越来越容易成功；而越贫穷的家庭，越不重视教育，孩子越没有良好的学习习惯，学习吃力，孩子学习就会越来越糟糕。这里要特别注意的是，起点教育优势并不是指孩子考多少分，而是指家长是否让孩子养成了良好的学习习惯。

所以，对孩子的教育习惯培养要从他小的时候就开始重视，越是小时候养成的习惯对孩子的影响越深远，家长要根据孩子的教育敏感期抓住孩子对孩子进行教育。如果孩子小的时候，家长对孩子好学习习惯的培养不重视，后面，孩子的学习就会越来越困难。

启示：小时候越好的后面会更好，小时候越差的后面会更差。为了孩子的未来，家长一定要教育孩子好的学习习惯。

22. 狐狸法则：培养孩子的独立意识

概念：狐狸世界的法则是：成年后的狐狸不能跟父母在一起生活，它们必须独立养活自己，这也是自然法则。如果你不懂的生存，你就被淘汰。

起源：一个寒冬，狐狸富来普和莱拉相爱了，生了5只小狐狸。一次觅食时，莱拉不幸被夹子打中而死去，富来普担负起抚养孩子的重任。他没有像母鸡孵小鸡那样把孩子们保护在身下，而是让他们自己出去独立生活。

因为富来普知道，没有谁能养他们一辈子。后来，小狐狸们长大了，学会了如何生存，也变得更加健康强壮。这就是大自然中普遍流传的狐狸法则：爱孩子，就要让他独立。

案例： 一位年轻的母亲，带自己的孩子去公园，有很高的台阶，孩子兴奋的自己要爬上去。在他跌倒的时候，他望了望母亲，母亲慈爱又鼓励的眼神，他终于自己爬上去了。

启示： "自己来"意味着孩子自我意识及独立意识的萌发和增强；从教育角度说，"自己来"也有助于培养孩子独立自理及自信心。著名教育家卡尔·威特认为，对孩子独立能力的培养，是对孩子的一种真爱，而对孩子的溺爱和娇宠则是孩子形成独立人格的最大障碍，只会让孩子在将来的生活中吃尽苦头。

23. 鲶鱼效应：培养孩子的竞争意识

概念： 鲶鱼效应是指鲶鱼在搅动小鱼生存环境的同时，也激活了小鱼的求生能力。鲶鱼效应是采取一种手段或措施，刺激一些企业活跃起来投入到市场中积极参与竞争，从而激活市场中的同行业企业。

起源： 挪威人喜欢吃沙丁鱼，尤其是活鱼。市场上活鱼的价格要比死鱼高许多，所以渔民总是千方百计想办法带活沙丁鱼回港。虽经种种努力，可大部分沙丁鱼还是会在中途窒息而死。后来，有人在装沙丁鱼的鱼槽里放进了一条以鱼为主要食物的鲶鱼。沙丁鱼见了鲶鱼四处躲避，这样一来缺氧的问题得到解决，大多数活蹦乱跳地回到了渔港。这就是著名的"鲶鱼效应"。近年来，"鲶鱼效应"的起源受到了越来越多的质疑，因其合理性不足，很可能是编造的故事。

案例： 学校每周都举行培尖考试，但是班级的尖子生成绩很不理想，采用批评和鼓励的方法也不见多大成效，怎样激发尖子生争强好胜，不服输的拼搏精神呢？

我想到了"鲶鱼效应"，首先，在一次培尖成绩中选出班级的前五名，让他们参加下一次培尖考试，原来参加考试的五人换掉了三人。在班会课上，给所有学生讲道理，告诉大家通俗易懂的小故事：在一片草场上生活着一群无忧无虑的羊，由于环境太安逸了，这些羊都要忘记了奔跑的本领了。这时候，在羊群中放一匹狼，这些羊就紧张起来了，不停地奔跑，为了不让狼吃掉，同类之间展开了竞争，结果，羊群的身体素质反而更好了。同学们听了这个故事都很振奋，表示支持班级的决定。

果然，这一举措收到了不错的效果，第九周培尖成绩公示了：我班的藏泽涛同学取得了年级的前三名，靳梦迪取得了第十八名，其他3人也进入前五十名。

这个成绩在班里公布之后，班级的气氛一下子活跃起来了，大家都喜形于色，并且暗暗下定决心，一定要力争下次代表班级参加拔尖考试。

启示：生机在于竞争。鲶鱼能搅活鱼群，教师也要在数学课堂中运用"鲶鱼效应"，使所有学生都主动参与学习。形成师生、生生之间的良性互动，在互动教学中，学生能在平等对话的前提下充分发掘潜能，在原有的数学认知的基础上获得新知，完成数学知识结构的自我主体建构，促进学生终身发展。

24. 天鹅效应：溺爱是一种伤害

概念：天鹅受宠后，渐渐失去自我本能的样子。这也就是我们今天要说的

"天鹅效应"。也就是说，一方因为习惯于无私奉献，而另一方则习惯了长期索取。长此以往，索取的一方，渐渐变得失去本能、没有了真实的自我，很难再去适应周边的环境。

起源：在一个小岛上，住着一对老夫妻。一年秋天，一群天鹅来小岛做客。老夫妻很开心，因为这群天鹅给这片寂静的小岛带来了欢笑。为了表达他们的热心，老夫妻经常拿出自家的粮食和打来的鱼来给天鹅。

很快，天鹅跟老夫妻俩熟了起来。而这年冬天，天鹅们也没有再飞往南方，而是习惯地享受着老夫妻的关爱。时间一长，天鹅们已经习惯了这样有人喂食、有人关心它们的日子。一年年过去，老夫妻俩因为年龄过大，离开了小岛。然而，天鹅也不见了。原来，天鹅不是飞走了，而是在河面封冻之时活活被饿死了。

案例：很多父母也许都经历过，因为带孩子逛商场，孩子看上了某件玩具，父母看到孩子想要不肯离开时，为了避免孩子哭闹，父母很快就帮孩子买下了玩具。

我们发现，如果父母很畅快地答应了孩子，或者在孩子稍微撒娇哭闹后瞬间就答应了孩子买玩具。那么，以后再遇到类似的场景，孩子同样会以这种方式来胁迫父母。父母的这种方式，其实也是溺爱孩子的一种，孩子有什么需求，他们很快满足。这样不仅不会让孩子懂得爱惜，甚至很可能会让他们养成一种思维：那就是他想要的，父母都要给。

启示：慈母多败儿，溺爱常常让孩子变的软弱、无能、任性。我国有句成语：过犹不及。说的是凡是"过分"都会带来很大的伤害。

25. 刻板效应：对孩子的偏见、成见

概念：刻板效应，又称刻板印象，是指对事物形成的一般看法和个人评价，认为某种事物应该具有其特定的属性，而忽视事物的个体差异。也是由社会按性别、种族、年龄或职业等分类而形成的固定印象。刻板印象虽然可以在一定范围内进行判断，不用探索信息，迅速洞悉概况，节省时间与精力，但是往往可能会形成偏见，忽略个体差异性，人们往往把某个具体的人或事看作是某类人或事的典型代表，把对某类人或事的评价视为对某个人或事的评价，因而影响正确的判断，若不及时纠正进一步发展或可扭曲为歧视。

起源："刻板印象"一词自1922年提出以来，在社会心理学领域受到广泛关注。对刻板印象的研究从最初的概念出发进行了界定，分析了刻板印象的特点和作用。刻板印象是对一个社会群体的一种普遍的、固定的观念和看法。它不一定有事实依据，也不考虑群体内部的个体差异。它只是人们心中存在的一种固定的观点，却能对人们的感知和行为产生重大影响。它可以简化社会认知活动，使人们更容易、更快地理解事物的作用。但在给人们带来方便和快捷的同时，也带来了一些负面影响。

案例：有人出了这样一个问题请众人回答：

一位公安局长在路边同一位老人谈话，这时跑过来一位小孩，急促地对公安局长说："你爸爸和我爸爸吵起来了。"老人问："这孩子是你什么人？"公安局长说："是我儿子"。

请问：这两个吵架的人和公安局长是什么关系。

这一问题，在被调查的100人中，只有两人答对。调查者后来向一个三口之家问这个问题，父母没答对，孩子却很快答了出来："局长是个女的。"

为什么那么多成年人答不对这个简单问题呢。这就是"刻板效应"，也叫"定势效应"，即依照自己固有的看法，公安局长应该是男的去推想，所以找不到答案。而小孩子没这方面的经验，而一下子就能答对答案。

启示：不要让自己的刻板，印记孩子的进步。要对他的进步看在眼里，放在心中，还要及时表扬。

26. 棘轮效应

概念： 棘轮效应，是指人的消费习惯形成之后有不可逆性，即易于向上调整，而难于向下调整。尤其是在短期内消费是不可逆的，其习惯效应较大。这种习惯效应，使消费取决于相对收入，即相对于自己过去的高峰收入。消费者易于随收入的提高增加消费，但不易于收入降低而减少消费，以致产生有正截距的短期消费函数。这种特点被称为棘轮效应。

起源： 这一效应是经济学家杜森贝利提出的。经济学家凯恩斯主张消费是可逆的，即绝对收入水平变动必然立即引起消费水平的变化。针对这一观点，杜森贝认为这实际上是不可能的，因为消费决策不可能是一种理想的计划，它还取决于消费习惯。这种消费习惯受许多因素影响，如生理和社会需要、个人的经历、个人经历的后果等。特别是个人在收入最高期所达到的消费标准对消费习惯的形成有很重要的作用。

案例： 一天，谢教授带着5岁的凯凯逛街。路过麦当劳门口，凯凯看到小朋友在吃汉堡还有薯片，就拽着爷爷的手说："爷爷，我们去吃麦当劳吧。"谢教授想了想，孩子平时也没少来这里吃东西，电视上也总说这种东西吃多了对健康不好，又觉得父母不在的时候更不能惯着孩子。于是，谢教授假装把没装钱的口袋翻了个底朝天，笑着说："你看，爷爷没有钱啊。"凯凯只好咽了咽口水，跟着爷爷走开了。

又有一个周末，谢教授带凯凯去公园玩。路过湖畔，游船老板热情地邀请他们来玩。其实，这种活动凯凯已经玩过多次了，然而，每次到这还是会兴致勃勃地跑过去，期待地望着大人。不过这一次，爷爷反倒耸耸肩，双手一翻，用很西式的动作表示自己没带钱。后来，这样的经历多了，游船老板再想邀请时，凯凯都会抢先说："爷爷没钱，我们不坐。"

启示：家长没有想到，尽管自己口口声声地说："再苦也不能苦孩子"，但是这种"爱"看似爱之，实则害之。因为一旦孩子的消费"指标"上去了，便很难再降下来，就像"棘轮"一样，只能前进，不能后退。长此以往，孩子极易养成大手大脚、不懂珍惜的习惯，只懂挥霍金钱，贪图享受，拒绝"吃苦"。

27. 刺猬效应

概念：刺猬效应（Hedgehog Effect），是指刺猬在天冷时彼此靠拢取暖，但保持一定距离，以免互相刺伤的现象。这个比喻来自叔本华的哲学著作，它强调的是人际交往中的"心理距离效应"。

起源：教育者与受教育者日常相处只有保持适当的距离，才能取得良好的教育效果。"刺猬效应"来源于西方的一则寓言，说的是在寒冷的冬天里，两只刺猬要相依取暖，一开始由于距离太近，各自的刺将对方刺得鲜血淋漓，后来它们调整了姿势，相互之间拉开了适当的距离，不但互相之间能够取暖，而且很好地保护了对方。

案例：某班级某选修学科的10名同学。这10名同学在高一高二学习期间，其中有8人受到学校不同层级的处分：有因翻墙外出（全封闭寄宿制管理）受处分，有因打架闹事受处分，有因吸烟受处分，有因早恋受处分。

与这10名同学谈话了解到，他们对班主任管理没有一点异议，而且十分认可，对班主任称呼为"××哥"，有时候和班主任走在一起，单手搂住班主任脖子一同前行。关系可谓是亲密。与老师这么好，为什么就不给老师争口气，反而肆意违反校纪校规。难道是老师不管吗？这一答案是否定的。

"刺猬效应"讲的是两个刺猬靠近取暖，距离太近则互相刺伤，距离太远则无取暖效果的问题。

由此联想到上述10名同学，8人被处分的事情，学生有没有刺伤老师，这一点是很明显的；老师有没有刺伤学生，我们可以这样来思考：老师能到后面处理这么多学生，说明老师不是放任不管，也不是无端护短。因此，不能简单地概括为"及陷于罪，然后从而刑之"。那么，我们是不是可以考虑这些学生平时与老师哥们儿姐们儿，也因此在平时把老师的训导"哥们儿姐们儿"化了呢。教师关爱学生，了解学生，并取得学生的认可，这是正常的教育教学要求，但是教师如果把自己对学生的管理层级降低到同学之间的一个水平，与学生没有一点距离感，那教师在学生面前的威严或神秘感就荡然无存了。柳宗元先生的"黔之驴"也能说明这个道理。

启示：教育心理学家根据这一寓言总结出了教育心理学上著名的"刺猬效应"。这一效应的原理是：教育者与受教育者日常相处只有保持适当的距离，才能取得良好的教育效果。然而在实践中，不少老师将这一"效应"误读，教师与学生之间的距离太大，学生失去了温暖感，产生了陌生感，因此，教师的教育效果不可能好。

28. 蝴蝶效应

概念：蝴蝶效应（The Butterfly Effect）是指在一个动力系统中，初始条件下微小的变化能带动整个系统的长期的巨大的连锁反应。它是一种混沌现象，说明了任何事物发展均存在定数与变数，事物在发展过程中其发展轨迹有规律可循，同时也存在不可测的"变数"，往往还会适得其反，一个微小的变化能影响事物的发展，证实了事物的发展具有复杂性。

起源：美国气象学家爱德华·罗伦兹（Edward N.Lorenz）1963年在一篇提交

纽约科学院的论文中分析了这个效应。"一个气象学家提及，如果这个理论被证明正确，一只海鸥扇动翅膀足以永远改变天气变化。"在以后的演讲和论文中他用了更加有诗意的蝴蝶。对于这个效应最常见的阐述是："一只南美洲亚马逊河流域热带雨林中的蝴蝶，偶尔扇动几下翅膀，可以在两周以后引起美国得克萨斯州的一场龙卷风。"其原因就是蝴蝶扇动翅膀的运动，导致其身边的空气系统发生变化，并产生微弱的气流，而微弱的气流的产生又会引起四周空气或其他系统产生相应的变化，由此引起一个连锁反应，最终导致其他系统的极大变化。他称之为混沌学。当然，"蝴蝶效应"主要还是关于混沌学的一个比喻。也是蝴蝶效应的真实反应。不起眼的一个小动作却能引起一连串的巨大反应。

案例：我小学二年级时，学校临时分来了几位实习的老师，其中一位男老师教我们班的美术，男老师的第一堂美术课让我们画小狗，没有美术书，他也没有在黑板上做示范，要学生们想象着画。我也许画得很糟糕，因为老师在巡视时看到我的图画本上画的小狗——罚我站了。我第一次被罚站，觉得很丢脸，第一次站在讲台边上向下看，那个视角看出去的影像，对于二年级时候的我是可怕的！看着同学们都低头画着小狗，我只能看见他们头顶的头发。觉得很委屈，不知道为什么就我被罚站，我没捣乱影响课堂纪律啊。

虽然是小学二年级，但我的学习成绩在班里也是很好的，我们小时候还是有排名的，我一直是好学生那堆的，感觉自己画的也不是很差啊，小狗有鼻子有眼儿有尾巴的，是四条腿啊，我画的和家里的小狼狗一样啊，没缺东西啊，我一直站在那里想我画错了哪里才会被罚站的，长大后不知是哪一天突然想明白了，可能就是老师和我没眼缘。还好当年二年级的小屁孩们不太懂得笑话人，至少我被罚站这事好像只有我注意到了。可是我当天放学回家就病了，高烧不退还说胡话，大半夜的去医院又是要输液又是给吃药的。

长大后我总在想输液的药喝下去管用吗？我在家休了一个星期，因为即便病好了我也不愿意去上学，坚持要把小狗画好了再去学校，我怕罚站。爸爸找了一些包药丸的纸，因为这种纸薄，可以用来拓印书上的小狗。练了几天后我感觉自己画的小狗可以了，于是第二天我上学去了，可是我回学校后才知道，实习的老师们都走了。没将自己画的漂亮的小狗给老师看，我感到失落！后来妈妈在我们当地的中学帮我请了位美术老师，让我跟她学画画，就这样我从8岁开始学画画，到大学读美院，特长变成了专业。我先生说我应该感谢那位老师，可我在想当年如果是内向且比我还敏感的弟弟遇见这位老师，结果是怎样呢？我现在还在画画，而且在教儿子画画，那位老师算是影响了我家两代人了吧？

启示：教育孩子无小事。一句话的表述、一件事的处理，正确和恰当的，可能影响孩子一生；错误和武断的，则可能贻误孩子一生。

29. 青蛙效应

概念：青蛙效应是指把一只青蛙扔进开水里，它因感受到巨大的痛苦便会用力一蹬，跃出水面，从而获得生存的机会。当把一只青蛙放在一盆温水里并逐渐加热时，由于青蛙已慢慢适应了那惬意的水温，所以当温度已升高到一定程度时，青蛙便再也没有力量跃出水面了。于是，青蛙便在舒适之中被烫死了。

起源："青蛙效应"源自十九世纪末，美国康奈尔大学曾进行过一次著名的"青蛙试验"：他们将一只青蛙放在煮沸的大锅里，青蛙触电般地立即蹿了出去。后来，人们又把它放在一个装满凉水的大锅里，任其自由游动。然后用小火慢慢加热，青蛙虽然可以感觉到外界温度的变化，却因惰性而没有立即往外跳，直到后来热度难忍而失去逃生能力而被煮熟。科学家经过分析认为，这只青蛙第一次之所以能"逃离险境"，是因为它受到了沸水的剧烈刺激，于是便使出全部的力量跳了出来，第二次由于没有明显感觉到刺激，因此，这只青蛙便失去了警惕，没有了危机意识，它觉得这一温度正适合，然而当它感觉到危机时，已经没有能力从水里逃出来了。

案例：百事可乐公司作为世界软饮料行业的大哥大级人物，可谓春风得意，每年有几百亿的营业额，几十亿的纯利润。但是，展望公司的未来发展前景，公司的管理者们看到汽水业会趋于不景气，竞争也会更加激烈。为避免被市场打败的命运，他们认为应该让自己的员工们相信公司在时刻面临着危机。但百事公司一路凯歌高奏，让员工相信危机这回事谈何容易？

公司总裁韦瑟鲁普决定要制造一种危机感。他找到了公司的销售部经理，重新设定了一项工作方法，将以前的工作任务大大提高，要求员工的销售额要比上年增长15%。他向员工们强调，这是经过客观的市场调查后作出的调整，因为市场调查表明，不能达到这个增长率公司的经营就会失败。这种人为制造出来的危机感马上化为了百事公司员工的奋斗动力，使公司永远都保证处于一种紧张有序的竞争状态中。正是这些，保证了百事公司能永远欣欣向荣地走向未来。

启示：对一个人而言，最可怕的是缓慢渐进的危险降临，而不是突然的危机降临。因为突然的危机降临可以使人动员自身全部的潜能，并迅速地做出各种反应以摆脱危机；缓慢渐进的危机降临往往使人无法感觉到，甚至到了死的门槛也毫无反应，正所谓"生于忧患，死于安乐"。所以我们应该时刻注意自己的行为习惯，养成良好的习惯，不要让小毛病最终成为不可挽回的错误。

30. 贴标签效应

概念：当一个人被一种词语名称贴上标签时，他就会作出自我印象管理，使自己的行为与所贴的标签内容相一致。这种现象是由于贴上标签后面引起的，故称为"标签效应"。

起源：在第二次世界大战期间，美国由于兵力不足，而战争又的确需要一批军人。于是，美国政府就决定组织关在监狱里的犯人上前线战斗。为此，美国政府特派了几个心理学专家对犯人进行了战前的训练和动员，并随他们一起到前线作战。训练期间心理学专家们对他们不过多地进行说教，而特别强调犯人们每周给自己最亲的人写一封信。信的内容由心理学家统一拟定，叙述的是犯人在狱中的表现是如何地好，如何地接受教育，改过自新等。专家们要求犯人们认真抄写后寄给自己最亲爱的人。三个月后，犯人们开赴前线，专家们要犯人给亲人的信中写自己是如何地服从指挥，如何地勇敢等。结果，这批犯人在战场上的表现比起正规军来毫不逊色，他们在战斗中正如他们信中所说的那样服从指挥，那样勇敢拼搏。后来，心理学家就把这一现象称为"贴标签效应"，心理学上也叫"暗示效应"。

案例：有的父母对孩子要求过高，当孩子无法达到时，父母就很失望，认为孩子"脑子笨"，经常批评他"大笨蛋"、"不是读书的料"，这等于在无形之中给孩子贴上了"我不行"的标签。这种不良的标签会使孩子产生"我确实不行"的感受，并且对自己的能力产生怀疑，进而对自己失去信心，就会不自觉地放弃追求成功的努力。长此以往，坏标签的预言便会成真。

曾有人以"你长大想当什么？为什么？"为题，对小学五年级学生进行一个问卷调查。有些学生是这样回答的："我学习成绩不好，老师说我是笨蛋，我也不知道长大能当什么。"从中可以看出大人给孩子的负面标签，给孩子造成了多大的危害！

孩子的很多行为，例如顽皮、好动甚至做出"出格"的举动，这些表现多为孩子天性使然，无所谓好、坏，即使有一些不良行为，往往也是一种无意识行为或对成人的简单模仿。所以，切忌动不动就对孩子的行为贴上"好""坏"的"标签"，人为地划分"好孩子""坏孩子"，那样，很容易使孩子自觉不自觉地趋同于划定的类别，限制了他们的心理自然地成长。

启示：一个人被别人下某种结论，就像商品被贴上了某种标签。当被贴上标签时，就会使自己的行为与所贴的标签内容相一致。必须戒除嘲笑羞辱、责怪抱怨、威胁恐吓等语言，多用激励性语言，对孩子多贴正向的标签。

31. 霍桑效应

　　概念："霍桑效应"就是当人们在意识到自己正在被关注或者观察的时候，会刻意去改变一些行为或者是言语表达的效应。

　　起源：1924年11月，以哈佛大学心理专家梅奥为首的研究小组进驻西屋（威斯汀豪斯）电气公司的霍桑工厂，霍桑工厂是美国西部电器公司的一家分厂。他们的初衷是试图通过改善工作条件与环境等外在因素，找到提高劳动生产率的途径。他们选定了继电器车间的六名女工作为观察对象。在七个阶段的试验中，支持人不断改变照明、工资、休息时间、午餐、环境等因素，希望能发现这些因素和生产率的关系——这是传统管理理论所坚持的观点。但是很遗憾，不管外在因素怎么改变，试验组的生产效率一直未上升。

　　为了提高工作效率，这个厂请来包括心理学家在内的各种专家，在约两年的时间内找工人谈话两万余人次，耐心听取工人对管理的意见和抱怨，让他们尽情地宣泄出来。结果，霍桑厂的工作效率大大提高。这种奇妙的现象就被称作"霍桑效应"。

　　历时九年的实验和研究，学者们终于意识到了人不仅仅受到外在因素的刺激，更有自身主观上的激励，从而诞生了管理行为理论。就霍桑试验本身来看，当这六个女工被抽出来成为一组的时候，她们就意识到了自己是特殊的群体，是试验的对象，是这些专家一直关心的对象，这种受注意的感觉使得她们加倍努力工作，以证明自己是优秀的，是值得关注的。

　　案例：近些年流行的电视"变形计"节目跟霍桑效应也有很大关联。筛选出一些父母和老师认为不听话的城市孩子，再配对一些年龄相仿的农家孩子，接下来将两家孩子交换着养育，扛着摄像机的记者们一直跟随左右。观众看到，一段时间后，顽皮的孩子变得听话了，与父母的情感交流也顺畅了，大部分人认为，是环境的原因，艰苦环境可"治"好孩子的坏毛病。但真正起作用的恐怕应该是摄像机，这种受注意的感觉使得孩子们表现得更好，以证明自己是优秀的，是值得关注的。

　　启示：霍桑效应告诉我们：从旁人的角度，善意的谎言和夸奖真的可以造就一个人；从自我的角度，你认为自己是什么样的人，你就能成为什么样的人。

　　"霍桑效应"启示我们：人在一生中会产生数不清的意愿和情绪，但最终能实现、能满足的却为数不多。对那些未能实现的意愿和未能满足的情绪，切莫压制下去，而要千方百计地让它宣泄出来，这对人的身心和工作效率都非常有利。这个效应告诉我们，当同学或自己受到公众的关注或注视时，学习和交往的效率就会大大增加。因此，我们在日常生活中要学会与他人友好相处，明白什么样的行为才是同学和老师所接受和赞赏的，我们只有在生活和学习中不断地增加自己的良好行为，才可能受到更多人的关注和赞赏，也才可能让我们的学习不断进步，充满自信。

32. 瓦拉赫效应——找到并发挥孩子的天赋

概念： 学生的智能发展都是不均衡的，都有智能的强点和弱点，他们一旦找到自己智能的最佳点，使智能潜力得到充分的发挥，便可取得惊人的成绩。这一现象人们称之为"瓦拉赫效应"。

起源： 奥托·瓦拉赫是诺贝尔化学奖获得者，他的成才过程极富传奇色彩。瓦拉赫在开始读中学时，父母为他选择的是一条文学之路，不料一个学期下来，教师为他写下了这样的评语："瓦拉赫很用功，但过分拘泥。这样的人即使有着完美的品德，也绝不可能在文字上发挥出来。"此后，他改学油画。可瓦拉赫既不善于构图，又不会调色，对艺术的理解力也不强，成绩在班上是倒数第一，学校的评语更是难以令人接受："你是绘画艺术方面的不可造就之才。"面对如此"笨拙"的学生，绝大多数老师认为他已成才无望，只有化学老师认为他做事一丝不苟，具备做好化学实验应有的品格，建议他试学化学，父母接受了化学老师的建议。这下，瓦拉赫智慧的火花一下被点着了，文学艺术的"不可造之才"一下子变成公认的化学方面的"前程远大的高才生"。

启示： 因材施教是教育好学生的重要原则，每一个学生都可以培养成材。人的智力是多元的，各有所长。教师要善于发现学生的亮点，扬长避短，因材施教，各种学生都可以成为不同方面的与不同层次的人才。

33. 德西效应——慎用物质奖励

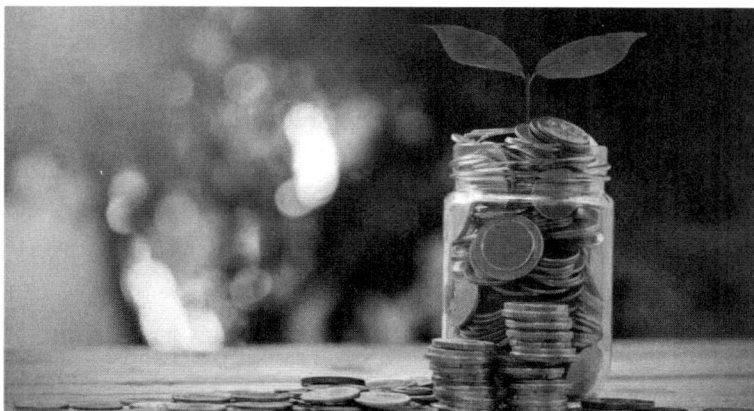

概念： 德西效应（Westerners effect）认为适度的奖励有利于巩固个体的内在动机，但过多的奖励却有可能降低个体对事情本身的兴趣，降低其内在动机。

起源： 心理学家爱德华·德西曾进行过一次著名的实验，他随机抽调一些学生去单独解一些有趣的智力难题。

在实验的第一阶段，抽调的全部学生在解题时都没有奖励；进入第二阶段，所有实验组的学生每完成一个难题后，就得到1美元的奖励，而无奖励组的学生仍像原来那样解题；第三阶段，在每个学生想做什么就做什么的自由休息时间，研究人员观察学生是否仍在做题，以此作为判断学生对解题兴趣的指标。

结果发现，无奖励组的学生比奖励组的学生花更多的休息时间去解题。这说明：奖励组对解题的兴趣衰减得快，而无奖励组在进入第三阶段后，仍对解题保持了较大的兴趣。

实验证明： 当一个人进行一项愉快的活动时，给他提供奖励结果反而会减少这项活动对他内在的吸引力。这就是所谓的"德西效应"。

案例： 一位老人在一个小乡村里休养，但附近却住着一些十分顽皮的孩子，他们天天互相追逐打闹，喧哗的吵闹声使老人无法好好休息，在屡禁不止的情况下，老人想出了一个办法——他把孩子们都叫到一起，告诉他们谁叫的声音越大，谁得到的奖励就越多，他每次都根据孩子们吵闹的情况给予不同的奖励。到孩子们已经习惯于获取奖励的时候，老人开始逐渐减少所给的奖励，最后无论孩子们怎么吵，老人一分钱也不给。

结果，孩子们认为受到的待遇越来越不公正，认为"不给钱了谁还给你叫"，再也不到老人所住的房子附近大声吵闹了。

启示：在教育教学活动中，培养学生积极主动、持之以恒的学习兴趣和坚忍不拔的意志，仅靠物质刺激是远远不够的。虽然"重赏之下，必有勇夫"，但由物质刺激所激发出来的学习兴趣在一定程度上是淡薄的，也是不长久的。同时，仅靠物质刺激还极易使学生养成"一切向钱看"的不良习惯。

34. 过度学习效应

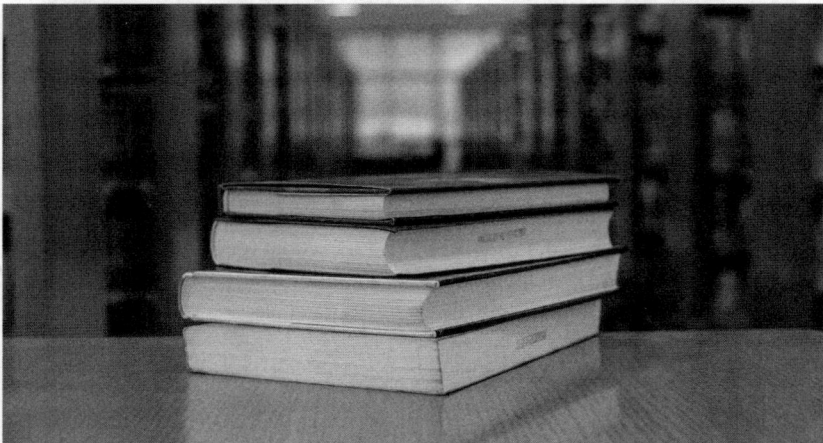

概念：过度学习效应指的是人们对所学习、记忆的内容达到了初步掌握的程序后，如果再用原来所花时间的一半去巩固强化，使学习程度达到150%，将会使记忆得到强化。

起源：过度学习理论是由德国著名的心理学家H·艾宾浩斯提出的，主要含义是一个人要掌握所学的知识，一定要经常提醒自己通过反复练习，才能得到巩固。

艾宾浩斯对这一效应作了最早的实验研究。他为测量超过记诵学习所需的过度学习的量，曾以不同的次数读过几组16个无意义的音节，结果发现，过度学习材料比刚能回忆的材料保持效果较好，而且其保持效果和原学习的份量大致成比例。

案例：心理学家克留格做了一项著名的实验：让被试在完全学会12个单音节后再进行50%至100%过度学习，1天、2天、4天、7天、14天及28天后所进行再学习中测不定期的保持量，显示出过度学习使保持量增加，过度学习不仅促进了记忆的保持，而且对后面的学习增大了正迁移。

在辨别学习中，由于过度学习，使逆转学习变得容易，这是里特发现的。动物（白鼠）在迷路中辨别黑白，达到10次练习中有9次正反应，再增加过度学习，然后再进行逆转学习，结果逆转学习次数减少，可见，过多的过度学习是很不经济的，一般说来，学习程度以150%为佳，其效应也最大。

启示： 应用在学习中，就要求学生在学习一项新任务时，要进行适度的超额学习，超额学习的次数越多，保持的学习成绩也就越好。在记住和学会的基础上，继续学习某种知识和技能，其效果优于适度学习，最佳的超度是150%。

35. 费斯诺定理

概念： 人有两只耳朵却只有一张嘴巴，这意味着人应该多听少讲。

起源： 提出者：英国联合航空公司总裁兼总经理费斯诺。

案例： 曾经有个小国进贡唐玄宗三个金人，外表和重量均是一样，但是有一座最珍贵。那么到底哪个金人最珍贵呢？

很多大臣都束手无策，有一个老臣站了出来，他将一根丝线分别从三个金人耳朵放入。

第一座金人从另一只耳朵出来；第二座金人从嘴里出来；只有第三座金人，丝线掉进了肚子里。

老臣说，最珍贵的是这第三座。其实，这三座金人对应世间的三种人。

第一种人，左耳进，右耳出，这样的人根本不懂倾听；

第二种人，听到的不经思考就说出了，多说无益；

第三种人，既懂得倾听，又懂得慎言，做到心知肚明。

启示： 善于倾听别人的意见，既是对他人的尊敬，又赢得他人对自己的尊敬。同时，不同的意见又有益于自身的改进。

36. 莫扎特效应

概念：莫扎特的作品大多纯净、新鲜、明亮、节奏稳定，符合人体内部特有的生理规律，这种特征能够激发欢快、愉悦等正性情绪，莫扎特的音乐不仅能提高人的学习和记忆能力，而且还能提高解答数学题的速度。

起源：英国著名教育家阿利斯蒂尔·史密斯。

案例：在语文教学中，就可以"拿来"一些欧洲的古典音乐和浪漫音乐，进行配乐朗诵、配乐讲故事，依据教学内容，特别是对一些需要尽快记忆或背诵的课文，更应巧妙设计，一边播放乐曲，一边或教师读文、或学生伴读，这样做，为的是使学生产生激动愉悦的情绪体验，在轻松乐观的情绪体验之中，想象力丰富了，思维敏捷了，潜能被激发起来，心灵与美感的火花碰撞在一起了，记忆与背诵还在话下吗？在外语教学中，就可以在教师讲解课文之后，让学生伴随着音乐富有表情地朗读几遍课文。这样，会对学生记忆单词和课文大有裨益。

启示：如果教育适当，节奏与和声比什么都深入人的心灵，比什么都扣人心弦。当我们的耳朵感受音乐旋律的时候，我们的精神就会起变化。好的音乐，能够给人以美的熏陶，给人以情的感染，给人以心的欢跃。

37.巴纳姆效应

概念： 人们常犯的一个错误是，很容易相信一个笼统的、一般性的人格描述特别适合他。即使这种描述十分空洞，他仍然认为这反映了自己的人格面貌。

起源： 一位名叫肖曼·巴纳姆的著名杂技师在评价自己的表演时说，他之所以很受欢迎是因为节目中包含了每个人都喜欢的成分，所以他使得"每一分钟都有人上当受骗"。人们常常认为一种笼统的、一般性的人格描述十分准确地揭示了自己的特点，心理学上将这种倾向称为"巴纳姆效应"。

案例： 有个替人割草的孩子给一位陈太太打电话说："您需不需要割草？"陈太太回答说："不需要了，我已有了割草工。"这个孩子又说："我会帮您拔掉花丛中的杂草。"陈太太回答："我的割草工也做了。"这孩子又说："我会帮您把草与走道的四周割齐。"陈太太说："我请的那人也已做了，谢谢你，我不需要新的割草工人。"孩子便挂了电话。孩子的哥哥在一旁问他："你不是就在陈太太那儿割草打工吗？为什么还要打这电话？"孩子带着得意的笑容说："我只是想知道我做得有多好"。这个孩子可以说是十分关注收集针对自己的信息，因此可以预见他的未来成长以及可能取得的成就，绝非一般小孩能比。

启示： 只有正确地认识自我，才能正确地评价自我。当你对自己有了一个全新的、客观的、正确的认识之后，还要与其他竞争者作一个比较，发现自己的长处与短处，这样，才会在生活和工作中找准自己的位置。

38. 懒蚂蚁效应

概念： 懒蚂蚁效应就是大部分蚂蚁都很勤快地寻找、搬运食物、少数蚂蚁却整日无所事事、东张西望，人们把这少数蚂蚁叫做"懒蚂蚁"。

起源： 懒蚂蚁效应是日本北海道大学进化生物研究小组对三个分别由30只蚂蚁组成的黑蚁群的活动观察。结果发现。大部分蚂蚁都很勤快地寻找、搬运食物、少数蚂蚁却整日无所事事、东张西望，人们把这少数蚂蚁叫做"懒蚂蚁"。有趣的是，当生物学家在这些"懒蚂蚁"身上做上标记，并且断绝蚁群的食物来源时，那些平时工作很勤快的蚂蚁表现得一筹莫展，而"懒蚂蚁"们则"挺身而出"，带领众蚂蚁向它们早已侦察到的新的食物源转移。原来"懒蚂蚁"们把大部分时间都花在了"侦察"和"研究"上了。它们能观察到组织的薄弱之处，同时保持对新的食物的探索状态，从而保证群体不断得到新的食物来源。

案例： 在学习英语的时候，很多同学都喜欢沉浸在机械式死记硬背中去学习，这样的学习表面上看起来非常充实，容易令自己得到内心的安慰。但其实英语学习也是具有一定的灵活性的，长此以往以这样的方法学习英语，就会变成中式英语、或者是哑巴英语，因为在应试教育的体制下，学习英语的终点一定是通往考场，对于英语的实际运用能力的提升非常有限。因而我们需要不断的思考，需要有"懒蚂蚁"的思维去解决学习上的难题，例如更轻松背单词的方法啊，不要一个一个字母的死记，可以用联想记忆法、音节记忆法、英语听力记单词等，都会是更加高效的方式，而且记得也会更加牢固。还有就会口语和语法的练习，根据大部分人的惨痛经历得出的教训，背语法和句子的作用是非常有限的，所以我们需要更好的方法，需要在语言环境中练习口语，根据语境来练习，这种真实的场景对于口语提升、英语思维的培养都会有很大的帮助。这些方法看起来剑走偏锋，而实际就是一种"懒蚂蚁效应"，是一种更加聪明的学习方法。

启示：勤与懒相辅相成，"懒"未必不是一种生存的智慧。懒于杂务，才能勤于思考。

39. 羊群效应

概念：其是指人们经常受到多数人影响，而跟从大众的思想或行为，也被称为"从众效应"。

起源：羊群效应最早是股票投资中的一个术语，主要是指投资者在交易过程中存在学习与模仿现象，"有样学样"，盲目效仿别人，从而导致他们在某段时期内买卖相同的股票。

案例：教育随着时间和经济不断地发展，似乎成为了一场家长与家长之间的竞技场，而最突出的体现便是辅导班的追逐。

很多的家长都陷入了中国式家长的焦虑，总是不想让自己的孩子输在起跑线上，看到了别的孩子都在上辅导班，那么自己也一定要送孩子去，不然就觉得自己的孩子会比别人差一截。

前段时间闺蜜的孩子刚刚上小学三年级，平时孩子除了学习之外也还要上很多的兴趣班，最近闺蜜听到孩子班级里的其他同学都开始上学校老师开设的兴趣辅导班的时候，也马上去报名了。

但是孩子却觉得这么多的辅导班让自己压力很大，想要有一点属于自己休息的时间，闺蜜却直接劈头盖脸地骂孩子别人比你优秀，都还一直努力，你就总想着偷懒，结果闺蜜的孩子非常委屈地哭了。

启示：羊群效应的正确运用是在学习他人的过程当中要坚持自我的原则，因人而异的教育模式要学会站在自己孩子的角度上去理解，一千个人就有一千个哈姆雷特，因为在每个人的视角里面的看法都是不一样的，而那种被质疑的盲目跟风就是没有坚持自我的原则，融合在大众当中而忘了教育孩子的根本目的，不是为了和别人攀比，而是为了找到最适合自己孩子发展的方式。

40. 晕轮效应

概念：晕轮效应又称"成见效应""光圈效应""日晕效应"，指人们在交往认知中，对方的某个特别突出的特点、品质就会掩盖人们对对方的其他品质和特点的正确了解。这种错觉现象，心理学中称之为"晕轮效应"。

起源：美国心理学家H.凯利、S.E.阿希等人在印象形成实验中证实了这一效应的存在。

案例：在教育教学活动中，很多老师都会在不同程度上受到晕轮效应的影响，从而产生对学生认识上的偏差：一个学习成绩突出的学生，在老师的眼中就是一个十全十美的孩子，聪明、灵活、智商高、创造力强等就成了这个孩子的代名词，当孩子违反了纪律，老师也会尽量地去包容他，只关注学生的学业，而忽视对其心理、情感、意志品质等方面的培养。相反，一个成绩很差的学生，就会被认为什么都不行……调皮、蠢笨、低能、朽木不可雕，如果这样的孩子犯了错误，老师就要么严酷的体罚，要么让家长来学校"批判"孩子……如此戴着有色眼镜看学生，在教育教学过程中，危害极大，常常因此影响学生的身心发展和师生关系。

启示："晕轮效应"往往在悄悄地影响着我们对别人的认知和评价。我们不应轻易给人、事物贴上标签，就一些浅薄的认识加以揣测。应该全面、客观地认识事物，由表及里，认识他本来的样子。

第三章

人文社会定律

1. 托利得定律

概念： 测验一个人的智力是否属于上乘，只看脑子里能否同时容纳两种相反的思想而无碍于其处世行事就可。

起源： 社会心理学家托利得提出。

案例： 同一办公室里，有年龄、条件相仿的同事实在是件头疼的事，因为人人都会把你们两个拿来比较。其实办公室里同事间本来是既合作又竞争的关系，以健康心态看待竞争关系，同事的能力愈来愈强，等于是在无形中促使你提升实力。更何况，在这个全球化的时代，本来就不应该把眼光局限在一个屋檐下的同事，而应该将全球的精英视为真正的竞争者。如此一来，自然就不需要把同事当"冤家"看待了。

当然，作为公司的一员，难免会碰到对你横挑鼻子竖挑眼的人，难以相处的人也肯定少不了。如果你对他们也显示出极其厌恶之意，则无异于显示自己度量的狭小。所以你应该拿出你的诚意来，诚心诚意地欣赏对方的长处；对于对方出错的地方，你也应该开诚布公地与他商讨，消除彼此之间的敌意。在公司中，有竞争才有进步。如果你在"搏击"过程中，输给了竞争对手，这时你更需要有承受打击的度量；不能就此消沉，而应该诚心诚意恭贺、欣赏对手的能力，消除你的敌意，并继续保持你与升迁了的对手的良好的人际关系，以及愉快的办公室气氛。这样，你的表现会赢得更多人的赞赏，从而为以后的成功奠定坚实的人际基础。

启示： 人非圣贤，孰能无过。很多时候，我们都需要宽容，宽容不仅是给别人机会，更是为自己创造机会。

2. 美即好效应

概念： 对一个外表英俊漂亮的人，人们很容易误认为他或她的其他方面也很不错。

起源： 提出者：美国心理学家丹尼尔·麦克尼尔。

案例： 麦哲伦是近代航海事业的开拓者之一，带领自己的船队成功地完成了环绕地球一周的壮举，向世人证明了地球是圆的。他之所以能够成功，得益于获得了西班牙国王卡洛尔罗斯的帮助。当时，自哥伦布航海成功以来，许多投机者或骗子为求得资助频频出入王宫，要求得到国王的资助进行新的航海探险。这使得争取到资助的难度增加了不少。麦哲伦为表明自己与这些人不同，在觐见国王时特地邀请了著名的地理学家路易·帕雷伊洛同往。

在当时，帕雷伊洛久负盛名，是公认的地理学权威，国王对他也相当尊重。进宫后，帕雷伊洛将地球仪摆在国王面前，历数麦哲伦航海的必要性及种种好处。国王看到帕雷伊洛都如此推崇麦哲伦的计划，于是爽快地答应了资助这次航行，向麦哲伦颁发了航海许可证。其实，在麦哲伦等人结束航海后，人们发现了帕雷伊洛当时对世界地理的错误认识及他所计算的经度和纬度的诸多偏差。由此可见，劝说的内容无关紧要，卡洛尔罗斯国王只是因为那是"专家的建议"，就认定帕雷伊洛的劝说是值得信赖的。正是国王的美即好心理效应——专家的观点不会有错——成就了麦哲伦的环球航行的伟大成功。

启示： 在生活中，其实我们都在无意识地、执拗地利用着美即好效应。大多数人只要一闻到权威的气息，便会立即放弃自己的主张或信念，转而去迎合权威的说法；一看到某些人长相出众，就认为他们能力也不错，从而给他们很多机会。其实，美即好效应是一把双刃剑。在对人才的甄别上，我们应从本质上去认识，真正选中有真才实学的人；在面对权威人士的观点时，要通过理性去进行鉴别，从而避免受到误导。只有这样，才不会有碍于你的成功。

3. 霍布森选择效应

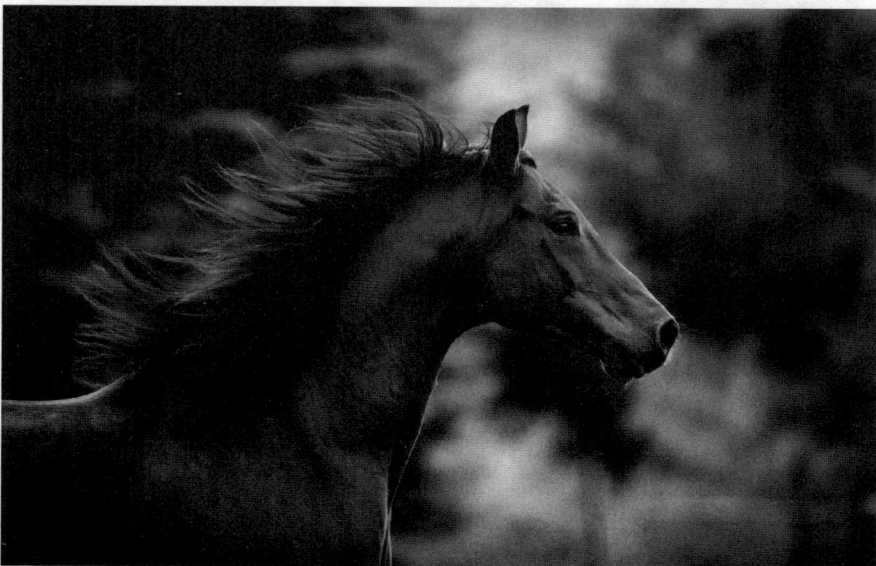

概念：没有选择余地的所谓"选择"。

起源：1631年，英国剑桥商人霍布森从事马匹生意，他说，你们买我的马、租我的马，随你的便，价格都便宜。霍布森的马圈大大的、马匹多多的，然而马圈只有一个小门，高头大马出不去，能出来的都是瘦马、赖马、小马，来买马的左挑右选，不是瘦的，就是赖的。霍布森只允许人们在马圈的出口处选。大家挑来挑去，自以为完成了满意的选择，最后的结果可想而知——只是一个低级的决策结果，其实质是小选择、假选择、形式主义的选择。

案例：一个企业家在挑选部门经理时，往往只局限于在自己的圈子下挑选人才，选来选去，再怎么公平、公正和自由，也只是在小范围内进行挑选，很容易出现"霍布森选择"的局面，甚至出现"矬子里拔将军"的惨淡情况。现在选"马"，就要当个好"伯乐"，跳出马圈的圈子，到大草原去选"马"、到全世界去选"马"，打开思维空间，扩大资源的配置半径，充分利用国内国际两个市场、两种资源。一般地讲，配置资源的半径越大，企业就越处于优势，反之，配置资源的半径越小，企业就往往会处于劣势。只有放宽眼界，打开思维，放眼世界，才能选到世界级的"千里马"。

启示：人们自以为作了选择，而实际上思维和选择的空间是很小的。有了这种思维的自我僵化，当然不会有创新，所以它是一个陷阱。

4. 阿罗定理

概念：其指出，如果众多的社会成员具有不同的偏好，而社会又有多种备选方案，那么在民主的制度下不可能得到令所有的人都满意的结果。

阐释：阿罗认为，任何建立在个人偏好基础上的公众决策机制必须满足一些基本要求：

一是集体理性。即如果所有个人的偏好具备完备性、传递性和自反性，则任何决策机制所导出的集体偏好也必须具备这些特性。

二是无限制性。公众决策机制不得排斥任何形式的个人偏好，只要该偏好具备完备性、传递性和自反性。

三是帕累托较优性。如果每个人都认为方案A比方案B优越，那么集体偏好也必须认为方案A比方案B优越。

四是偏好独立性。集体偏好对方案A和方案B之间的排名只取决于人们对这两种选择之间的排名，而跟人们对其他选择的排名无关。

案例：北京1992年开始申请主办2000年奥运会。申办奥运会的投票规则是逐步淘汰制，具有投票权的委员在参加申请的城市里进行投票，得票最少的城市便被淘汰。前两轮投票中北京一直领先，经过两轮投票，最后剩下三个城市：德国的柏林、澳大利亚的悉尼以及中国的北京。在第三轮投票中，北京获得最多的票，悉尼第二，柏林第三。

这一轮投票结束后，柏林被淘汰掉。如果只有这一次投票，北京就获胜了，但问题是还得再投一次票。当在北京与悉尼之间角逐时，北京肯定会再次获得胜利吗？

事实是，北京输了，悉尼获得了2000年奥运会的主办权。为什么会这样？原来支持柏林的投票人在柏林落选后大多数转而支持悉尼。

启示： 阿罗定理打破了一些被人们认为是真理的观点，也让我们对公共选择和民主制度有了新的认识。少数服从多数不一定正确，多数票原则的合理性是有限度的。

5. 米格-25效应

概念： 所谓最佳整体，乃是个体的最佳组合。

起源： 苏联研制的米格-25喷气式战斗机的许多零部件与美国的相比都落后，但因设计者考虑了整体性能，故能在升降、速度、应急反应等方面成为当时世界一流。

案例： 骑术不精但纪律很强的法国兵，与善与格斗但纪律涣散的马木留克兵作战，若分散而战，3个法兵战不过2个马兵；若百人相对，则势均力敌；而千名法兵必能击败一千五百名马兵。说明法兵在大规模协同作战时，发挥了协调作战的整体功能，说明系统的要素和结构状况，对系统的整体功能，起着决定性作用。

启示： 整体中的个体能够互相匹配，最佳匹配就可赢得最佳效果。机械设计是这样，人也是这样，如果把自己的软硬件调整到最佳状态，就可掌握命运，进而赢得人生。

6. 达维多定律

概念： 竞争就是要创造或抢占先机，"先入为主"是一条绝对的真理，要保持第一，就必须时刻否定并超越自己。

案例： 一个犹太商人用价值50万美元的股票和债券做抵押向纽约一家银行申请1美元的贷款。乍一看，似乎让人不可思议。但看完之后才发现，原来那位犹太商人申请1美元贷款的真正目的是为了让银行替他保存巨额的股票与债券。按照常规，像有价证券等贵重物品应存放在银行金库的保险柜中，但是犹太商人却悖于常理通过抵押贷款的办法轻松地解决了问题，为此他省去了昂贵的保险柜租金而每年只需要付出6美分的贷款利息。

这位犹太商人的聪明才智实在令人折服。其实，我们身上也蕴藏着创新的禀赋，但我们总是漠视自己的潜能。你的思维已经习惯了循规蹈矩，只要你愿意改变一下自己的思维方式，多进行一些发散思维和逆向思维，激活自己的创新因子，你周围的一切，都有可能成为你创新思维的对象。

启示： 如果只懂得沿着别人的路走，即使能取得一点儿进步，也不易超越他人；只有做别人没有做过的事情，创造一条属于自己的路，才有可能把他人甩在你身后。

7. 控制错觉定律

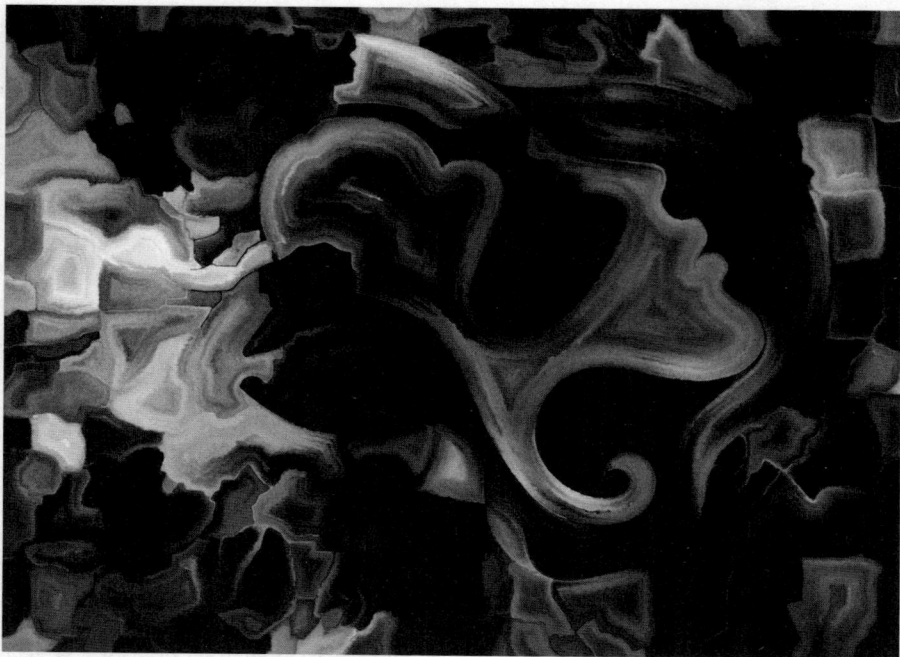

概念： 对于非常偶然的事，人们以为凭自己的能力可以支配，这种错觉不符合本身特征的错误的感知，它并非幻觉，也不同于想象。这种错觉是由于平日的生活都能用自己的能力加以支配，所以人们把这种错觉扩展到了偶然性的事件上。

案例： 对一家保险公司的内部员工发放了一批彩票，员工们可以花上1美元的价格来购买一张彩票，这样就有机会中得百万美元的巨额奖励。彩票号码可以机选，也可由员工自己选择。等员工挑选完毕之后，心理学家们让公司开始和人员协商，希望可以购买他们手中的彩票。结果机选彩票的转让价是1.6美元，而自选彩票的转让价是8.6美元。当心理学家们调查自选彩票号码的员工为什么会提高转让价时，员工的回答是他们觉得自己选择的彩票中奖率会更高一些。这就说明了人们之所以会认为自己选择的彩票号码更容易中奖，是因为"控制错觉理论"在作怪。

启示： 了解了控制错觉定律，我们便不难理解：为何赌博游戏会吸引很多人，甚至不少人为此倾家荡产也难以自拔。这些，都需要我们在日常生活中提高警惕。

8. 保龄球效应

概念：指的是在打保龄球的时候，并不是击倒一个瓶就可以把所有的瓶打倒，除了力量之外，选好入球的位置更为重要。

案例：张经理因为干过领导，颐指气使惯了，不论是对待一同过来的大学生员工，还是对待新公司中的其他同事，总是一副领导的口气和表情，这使他的人际关系越来越差，许多同事都是敬而远之，不愿看他那副依然盛气凌人的样子。时间一长，张经理就成为孤家寡人，因别人不愿意接近他、帮助他，使得他的工作业绩也是越来越差。

那位大学生员工由于刚刚进入企业，表现得特别谦虚好学，也特别平易近人和乐于助人，很快这位大学生员工就和新公司的同事们打成了一片，业务技能不断提升，业绩也越来越好。

一年后，张经理因业绩下降、群众关系不好，在年度考评中未能通过考核，被新公司领导按规定调整待岗培训。那位大学生员工因为表现出色、业绩突出，群众关系好，考核为优，被新公司破格晋升为部门经理。

一日，张经理和那位大学生员工走到了一起，张经理不解地对那位大学生员工说："你只是一名刚刚出道的大学生，论经验、论阅历、论关系、论职务、论素质，你都比不上我，可为什么我们俩一同进入这个公司，一年后，你提升了，我反倒下岗了呢？"那位大学生沉思了一下，意味深长地说了一句话："也许，主要是因为我找准了自己的位置。"

启示：成功始于定位。人们要选择最适合自己的位置，因为位置的选择是成功的关键。

9. 鲁尼恩定律

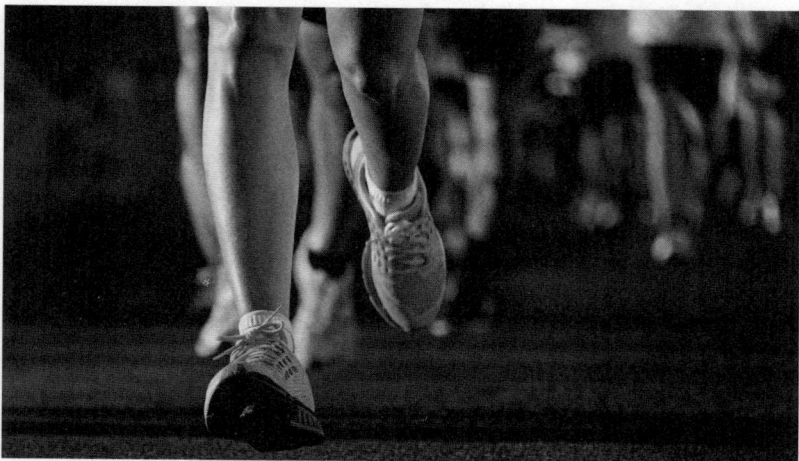

概念： 赛跑时不一定快的赢，打架时不一定强的赢。戒骄戒躁，笑到最后的才是真正的赢家。

起源： 由奥地利经济学家鲁尼恩提出。

案例： 张军和李静是大学同班同学，两个人一起应聘到一家公司。论实力，李静根本不是张军的对手。本来理工科就是男强女弱，张军在计算机方面又有超强的天赋，而李静恰巧又长了个"不开窍"的脑瓜，所以他们俩之间的差距就更大了。可是进公司半年后，李静却意外地比张军先升了职。

其实，这也不奇怪，正如"龟兔赛跑"一样，实力强的不一定最后就会赢。张军自恃能力很高，在这样的公司根本不需要再学习和进修，他的聪明才智完全可以应付一切工作。不仅如此，他对待工作也是马马虎虎，觉得交给自己的工作有辱自己的智商。而李静则知道自己实力不行，所以工作后依然不断地继续学习深造，对于上级交下来的每一项任务都认真对待，还乐于向身边的人请教。所以，出现李静先升职的现象是必然的。如果张军再不反省，还是那样的工作态度，那么最后可能会遭遇辞退的命运。哪个公司都不需要这种眼高手低、骄傲自大的员工。

启示： 气怕盛，心怕满。这是因为气盛就会凌人，心满就会不求上进。真正成功的人都极力做到虚怀若谷，谦恭自守。一个人成功的时候，还能保持清醒的头脑，不趾高气扬，那么他往往会取得更大的成功。

10. 眼不见为净定律

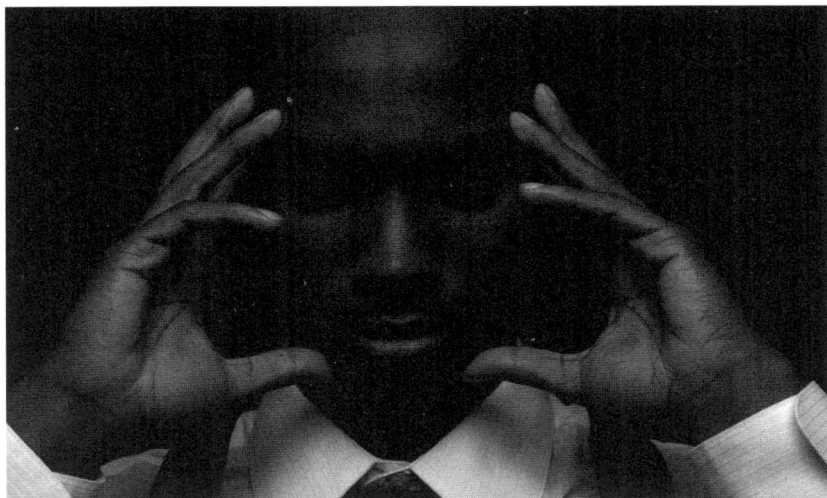

　　概念：眼不见为净定律，是一种自我欺骗的行为，也是一种自我心理保护的机制，具体指当人们看到自己难以接受的事物或遇到无法忍受的事件时，一般采取否定、逃避态度的现象。

　　案例：在生活中，我们会遇到很多让我们难以忍受的事情。比如自己心爱的人离开了自己，与向往已久的大学失之交臂，努力了许久的工作不被肯定，房子突然发生了火灾，朋友突然出了车祸，自己莫名其妙得了重病等。这样的例子，真是不胜枚举。当这些事情刚发生的时候，为了自我保护，我们的心理机制会自动地采取一种否定的态度，让我们认为这一切都不是真的，都是一场梦，等梦醒了，一切都会好起来的。但是，事实就是事实，不是你告诉自己没发生过，它就不存在了。最终，你还是要去面对。越早地面对，才会使痛苦越小；越是逃避，受到的伤害越大。自我欺骗最终还是解决不了问题的，虽然有时会缓解一些疼痛，但那都是幻象，等到清醒的时候疼痛会加倍。躲在沙子里，敌人也不会放过你，只会让敌人更轻易地抓到你。所以，学会面对吧，不要再沉醉在自己编织的梦里。

　　启示：当坏事发生的时候，当危险降临的时刻，首先要接受现实。没有什么是不可接受的，一切痛苦当你真的敢于接受时，它的疼痛度就会减轻很多，因为你已经做好了心理准备。而如果你只想着逃避，不愿或不敢面对现实，那么现实会对你更加残酷。一切对手都是吃软怕硬的角色，现实也不例外。只要你拿出勇气，敢于面对，那么这世界上就不存在过不去的坎儿。

11. 互惠定律

概念： 指在人际交往中要懂得知恩图报，尽量以相同的方式报答他人为我们所做的一切，指双方的互惠共赢。

起源： 一位心理学教授做过一个小小的实验，证明了这个定律。

他在一群素不相识的人中随机抽样，给挑选出来的人寄去了圣诞卡片。但没有想到，大部分收到卡片的人都给他回寄了一张，而实际上他们都不认识他。

给他回赠卡片的人，根本就没有想过打听一下这个陌生的教授到底是谁，他们收到卡片，自动就回赠了一张。也许他们想，可能自己忘了这个教授是谁了，或者这个教授有什么原因才给自己寄卡片。不管怎样，自己不能欠人家的情，给人家回寄一张总是没有错的。

案例： 在尼泊尔白雪覆盖的山路上，刺骨的寒气伴随着暴风雪，让人很难睁开双眼。有个男子走了很久，好不容易碰到一个旅行家，两个人自然而然地成了旅途上的同伴。半路上他们看到一个老人倒在雪地里，如果置之不理，老人一定会被冻死。"我们带他一起走吧，先生！请你帮帮忙。"男子提议。旅行家听了很生气地说："这么大的风雪，咱们照顾自己都难，还顾得了谁呀！"说完便独自离去了。

这个男子只好背起老人继续往前走。不知过了多久，他全身被汗水浸湿，这股热气竟然温暖了老人冻僵的身体，老人慢慢恢复了知觉。两人将彼此的体温当成暖炉相互取暖，忘却了寒冷的天气。

"得救了，老爷爷，我们终于到了！"看到远处的村庄，男子高兴地对背上的老人说。当他们来到村口时，发现一群人聚在一起议论纷纷。男子挤进人群中一看，原来是有个男人僵硬地倒卧在雪地上。当他仔细观看尸首时，吓了一大跳，冻死在距离村子咫尺之遥的雪地上的男人，竟然就是当初为了自己活命而先行离开的那个旅行家。

行路的男子并不知道帮助老人会为自己赢得生机，他只是出于悲悯之心才背着老人行进的。救人一命，胜造七级浮屠，男子的善心不但救了老人的性命，更让自己成功走出困境，而旅行家则为他的自私付出了代价。

启示：面对需要帮助的人，千万不要吝惜自己的爱心，善待他人，把你的爱心奉献出来。在你不经意地付出以后，也许会有意想不到的惊喜。播种你的爱心，让它在你的周围生根发芽，当你迎来硕果累累的金秋时，你就是拥有最多财富的富翁。

12. 需求定律

概念：是指任何人做任何事情都是带有一种需求的，只有尊重并满足对方的需求，别人才会尊重我们的需求。

案例：在大家心里，天堂和地狱总是有着天壤之别，其实不然。

有一天，一个使者也是抱着这样的想法，去考察了天堂和地狱。他看到在天堂每个人都是红光满面，精神焕发；地狱里的人个个面黄肌瘦，像饿死鬼一样，每天非常痛苦。这更加坚定了他的信念：天堂与地狱差别真是太大了，可是细问之下才知道，天堂和地狱的人吃的东西是一样的，用的工具也是一样的。原来他们用的是1米长的大勺子，天堂的人用长把勺子互相喂别人食物，所以人人都可以吃到食物；地狱的人只想把装满食物的勺子往自己嘴里送，可是越想吃到东西，却越是吃不到，内心备受煎熬，所以面容枯槁。

　　天堂和地狱的真实差别就在于，天堂的人懂得互相付出，而地狱的人只想到自己罢了。所以，你如果想过天堂的生活，就要懂得先予后取的道理，这样你内心真正想要达到的目标才会得以实现。如果你只信奉"人不为己，天诛地灭"的信条，那么你就只能像地狱中的饿鬼一样，面容枯槁，事与愿违。只有设身处地地替别人考虑，想他人所想，急他人所急，大家才会互相扶助，各得所求，自然其乐融融。这就是所谓的"欲要取之，必先予之"。

　　启示：如果不付出，虽然没有失去，但也没有得到，没有得到就是失去。无论你付出了什么，你总会有所收获。

13. 比林定律

　　概念：一生中的麻烦有一半是由于太快说"是"，太慢说"不"造成的。

　　起源：这是美国幽默作家比林提出。

　　案例：明明知道自己的身体状况不该喝酒，可又怕朋友说自己"妻管严"，于是硬着头皮答应朋友去喝酒，结果差点酿成大祸；明明知道自己囊中羞涩，却硬要答应朋友一起K歌，结果，下半月只能是咸菜就着馒头过；明明知道朋友的请求不好办，可是为了照顾哥们义气，心底里的"不"字到了嘴边鬼使神差地变成了"没问题"，结果弄巧成拙；等等。正如比林说的那样，多半的麻烦就是由于自己太快说"是"，太慢说"不"造成的。

　　启示：学会说"不"是一种智慧。没有否决权，发言权也很容易被剥夺，对不该让步的事不让步，别人反而更容易给你让步。

14. 气球定律

概念：当一个人身体不好时，他的心情也往往随之发生改变；当一个人心情不好时，他的身体也会随之出现一定的不适。

案例：英国著名化学家亨特因为在一次医学会上被别人顶撞而大动肝火，导致心脏病复发，最终酿成了悲剧，当场身亡。可见，怒气就犹如藏在我们身体里的一枚定时炸弹，随时都有可能酿成大祸。

启示：任何时候，都要学会原谅自己，并懂得原谅他人，不让自己的"过错"折磨自己，更不要拿别人的"过错"来惩罚自己。做一个聪明的、不生气的人，让自己在心平气和中享受生活的美好！

15. 忌恨定律

概念：憎恨别人，就像为了逮住一只耗子而不惜烧毁你自己的房子。

案例：从前有一个富商，生意做得很大，但是，他每日算计、操心，多有烦恼。在他家隔壁，住着一对贫穷夫妻，靠做豆腐为生，虽说清贫，却有说有笑，快快乐乐。

富商的太太心生嫉妒，富商说："那有什么难，我叫他们明天就笑不出来。"言罢，一抬手将一大锭金元宝从墙头扔了过去。

第二天清早，穷苦夫妻发现了这一锭来历不明的金元宝，心情大变：揣测这钱的来路，又琢磨能否弄到更多的钱……如此这般，三天三夜，茶饭不思，寝食不宁。自此，再也听不到他们的欢笑声了……

一墙相隔的富商对太太说："你看，当初我们不也是这样的吗？事情就这么简单！"

启示：忌恨会把你也拖进深渊。千万不要因嫉妒而去伤害别人，要记住成功乃是最大的报复。如果别人的能力比你强，那你更要挑战自己，超越他们。请他们作为你的导师，经常听他们的意见及忠告。如果你确实没有本事，可通过其他方法获得成功。你可以把比你优秀的人当成你需要超越的目标，这样你也会获得成功。

16. 建设与破坏定律

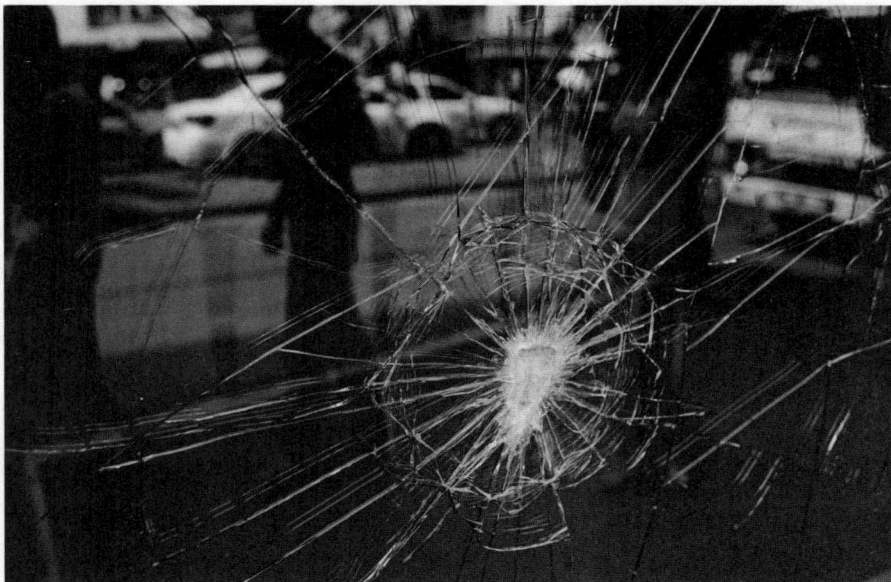

概念：交一个朋友，需要千言万语；与一个朋友断交，只需要三言两语。建设十分艰难，而破坏却十分容易。

案例："中国长城考察万里行"一行专家来到张家口市某两县交界，考察明代长城。在沟口东侧某县，看到了触目惊心的一幕，千余米长城被夷为平地，本应有城墙挺立的地方只剩下一个个大坑。这是一起有组织、大规模的毁坏长城事件。对长城的破坏程度为20年来罕见。

在沟口东侧，此段城墙为石筑结构，总长约千余米。沟口起点处竖立有石碑一块，写着"万里长城河北重点文物保护单位"等字样。从起点东行约30米后，原本一人多高的墙体遗址不见了，石料被取走，长城被削平。不光如此，盗挖者还掘入地下，从墙体地下部分取走石料，原地只剩下一个接一个的土坑，有的深达一米左右。土坑及周围散落着一些碎石，大块石料都不见了。这段长城的末端因背临悬崖，地势险峻，有数十米墙体幸存。

这段长城遗址主体被破坏长度达千余米，其破坏规模近年来罕见。

多少劳动人民的心血修筑的千米长城如今却毁于一旦。修筑一座长城费尽了数年的时间、数万人的血汗，而破坏长城却只要数十个黑暗的夜晚。

启示：建设不易，破坏却很快。

17. 小池定理

概念：越是沉醉，就越是抓住眼前的东西不放。

起源：日本管理学家小池敬提出。

案例：有一位旅者，经过险峻的悬崖，一不小心掉落山谷，情急之下攀抓住崖壁下的树枝，上下不得，他祈求佛陀慈悲营救。这时佛陀真的出现了，伸手过来拉他，并说："听好！现在你把攀住树枝的手放下。"但是旅者执迷不松手，他说："把手一松，势必掉到万丈深渊，粉身碎骨。"旅者这时反而更抓紧树枝，不肯放下。这样一位执迷不悟的人，佛陀也救不了他。坏心情就是紧抓住某个念头，死死握紧，不肯松手去寻找新的机会，发现新的思考空间，所以陷入愁云惨雾中。

启示：人只要换个想法，调整一下态度，或者更改一下作息，就能让自己有新的心境。只要我们肯稍作改变，就能抛开坏心情，迎接新处境。

18. 磨合效应

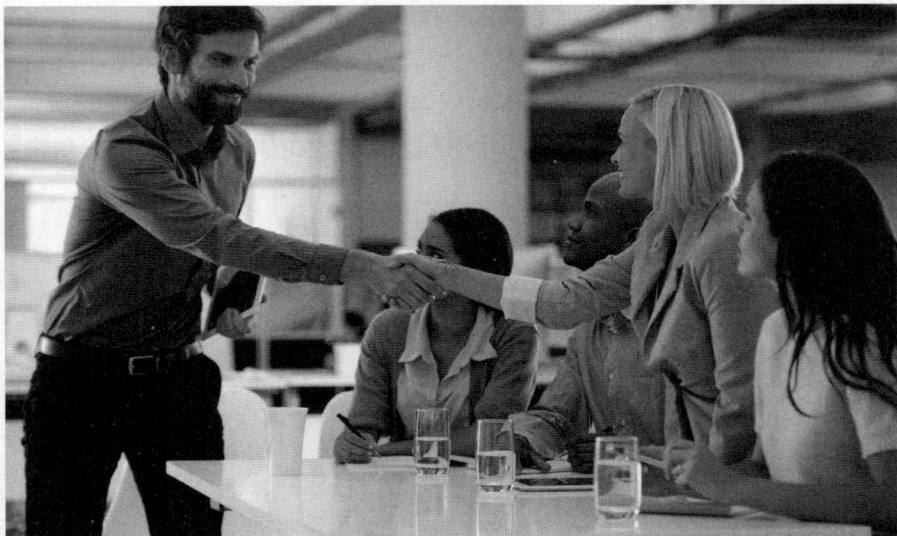

概念：群体心理学中，人们把新组成的群体相互之间经过一段时间磨合而产生更加协调契合的现象，称之为磨合效应。

起源：新装机器通过一定时期的使用，把摩擦面上的加工痕迹磨光而变得更加密合的现象。这一现象在新的自行车、汽车等使用上都会发生，使用一段时间后，必须加以整合车辆，这样就更加磨合了。

案例："将相和"，说的是战国时期赵国的廉颇和蔺相如，前者是有赫赫战功的武将，后者是足智多谋的文臣。廉颇对以口舌之劳建功且位居其上的蔺相如颇为不满，声称见面时一定要羞辱对方。蔺相如闻知此事后，想方设法躲避廉颇。时间长了，蔺相如身边的侍从非常不平。蔺相如劝慰大家说："诸位看来，廉将军和秦王哪个更厉害更可怕？在秦国的大堂上，我敢大声地呵斥秦王，也敢羞辱他的群臣，怎么会在自己的国家里害怕廉将军呢？我不过是顾及到强大的秦国之所以不敢轻易兵犯赵国，是因为赵国尚有廉将军和我同在的缘故。如果我们两个人争斗起来，势必两败俱伤，给秦国以可乘之机。因此，我只能先考虑国家的安危，而后才能思虑个人的恩怨。"不久，这番话传到了廉颇那里，他感到十分惭愧和内疚，于是脱去上衣，背缚荆条，登门谢罪。两人终于和好，结为"刎颈之交"（同生死共患难的朋友）。

启示：不"磨"不"合"，经过磨合，才能获得和谐。要想达到完整的契合，须双方都做出必要的割舍。

19. 过度理由效应

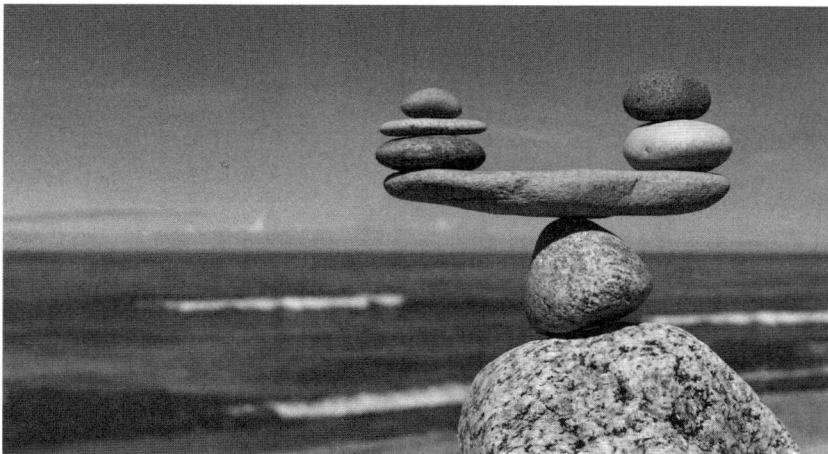

概念：指附加的外在理由取代人们行为原有的内在理由而成为行为支持力量，行为从而由内部控制转向外部控制的现象。

起源：过度理由效应是从社会心理学家费斯廷格（L.Festinger）的认识不协调理论衍生出来的概念，根据认识不协调理论，如果人们一种行为本来有充分的内在理由，如兴趣支持，则人们对于行为与其理由的认知是协调的。但此时如果以具有更大吸引力的刺激（如金钱奖励），给人们的行为额外增加"过度"的理由，那么人们对于自己行为的解释，会转向这些更有吸引力的外部理由，而减少或放弃用原有的内在理由。此时人们的行为就从原来的内部控制转向了外部控制，如果外在理由不复存在，如不再提供金钱奖励，则人们的行为就失去了理由，从而倾向于终止这种行为。这就是过度理由效应。

案例：一天，一个客户写信给美国通用汽车公司的庞帝雅克部门，抱怨道：他家习惯每天在饭后吃冰淇淋。最近买了一部新的庞帝雅克后，每次只要他买的冰淇淋是香草口味，从店里出来车子就发不动。但如果买的是其他口味，车子发动就很顺利。庞帝雅克派一位工程师去查看究竟，发现确是这样。这位工程师当然不相信这辆车子对香草过敏。他经过深入了解后得出结论，这位车主买香草冰淇淋所花的时间比其他口味的要少。原来，香草冰淇淋最畅销，为便利顾客选购，店家就将香草口味的特别分开陈列在单独的冰柜，并将冰柜放置在店的前端；而将其他口味的冰淇淋放置在离收银台较远的地方。

深入查究，发现问题出在"蒸气锁"上。当这位车主买其他口味时，由于时间较长，引擎有足够的时间散热，重新发动时就没有太大的问题。买香草冰淇淋由于花的时间短，引擎还无法让"蒸气锁"有足够的散热时间。

启示：不要止步于任何外部理由，而要深入发掘外部理由背后的原因，哪怕这种理由看上去是一种无稽之谈。

20. 定位效应

概念：我们把一个人自己选定的角色位置不因其他因素而发生太大变化的现象，称之为定位效应。

起源：社会心理学家曾作过一个试验：在召开会议时先让人们自由选择位子，之后到室外休息片刻再进入室内入座，如此五至六次，发现大多数人都选择他们第一次坐过的位子。

案例：求职者受定位效应的影响，凡是自己认定的事情，多数不愿轻易改变。比如一位求职者先设定一个理想岗位，择业时往往一味追寻与预期相匹配的岗位，导致浪费了很多机会。而求职者一旦选定了工作，不管专业对不对口，不管自己有无兴趣，通常都会延续下去，很少愿意轻易改变职业。

启示：凡是自己认定的，人们大都不想轻易改变它。最初的定位至关重要。

21. 蜕皮效应

概念：蜕皮效应是指每个人都有一定的安全区，你想跨越自己目前的成就，就不要划地自限。

起源：许多节肢动物和爬行动物，生长期间旧的表皮脱落，由新长出的表皮来代替，通常每蜕皮一次就长大一些。

案例：有个生活非常潦倒的销售员，每天都埋怨自己"怀才不遇"，命运在捉弄他。圣诞节前夕，家家户户张灯结彩，充满佳节的热闹气氛。他坐在公园的一张椅子上，开始回顾往事。去年的今天，他孤单一人，以酗酒度过了他的圣诞节，没有新衣，也没有新鞋子，更甭谈新车子、新屋子了。

"唉！今年我又要穿着这双旧鞋子度过圣诞了！"说着准备脱掉穿着的旧鞋子。

这个时候，他看见一个年轻人自己滑着轮椅走过，他立即顿悟：

"我有鞋子穿是多么幸福！他连穿鞋子的机会都没有啊！"

经过这次顿悟，这位推销员蜕掉了自己萎靡不振的一层皮，从此脱胎换骨，发愤图强，力争上游。不久，他就因为销售成绩显著而多次得到加薪。最后，他又开办了自己的销售公司，并最终成为了一名百万富翁。

启示：面对挫折，面对沮丧，我们需要坚持。看不见光明、希望，却仍然孤独、坚韧地奋斗着，这才是成功者的素质。只有这样，我们才能超越自己，成就自己。

22. 幽默效应

概念：幽默给予我们心理上的影响很大，它使生活充满情趣。哪里有幽默，哪里就有活跃的气氛。

案例：有一次，林肯正面对着观众，滔滔不绝地进行演讲。突然，在人群中有人递给他一张纸条。林肯接过纸条，不假思索地打开纸条，没想到，纸条上竟然写着"傻瓜"两个字。当时，在林肯旁边的人已经看到了这样两个字，他们都盯着林肯总统，看他如何来处理这样的公然的挑衅。在许多人目光的注视下，林肯略一沉思，微微一笑说："本人已经收到许多匿名信，全部都只有正文，不见署名，而今天却正好相反，在这一张纸条上只有署名，却缺少正文！"话音刚落，整个会场上便响起了阵阵掌声，大家都为林肯的机智和幽默而鼓掌，那位"署上名字"的先生低下了头，混入了人群中，整个会场的气氛由紧张变为轻松，演讲继续进行。

启示：在日常交际中，我们经常会不可避免地遇到一些尴尬的局面，在这种情况下，幽默是你最好的选择。社交场上离不开幽默，它能使严肃紧张的气氛变得轻松，能让人感觉到你的温和与善意，而且，能让对方对你产生好感。总而言之，在交际中，谁具有了幽默的细胞，谁就能驰骋于社交场合，如鱼得水，轻松自如。

23. 行动定律

概念：有行动才有吉凶，无行动则无吉凶。

案例：有一位名叫西尔维亚的美国女孩，她的父亲是波士顿有名的整形外科医生，母亲则在一所学术声誉极高的大学担任教授。毫无疑问，她的家庭为她提供了很大的帮助和支持，让她有机会实现自己的理想。

她从念大学的时候开始，就一直梦想能成为电视节目的主持人。她觉得自己具有这方面的才华，因为每当她和别人相处时，即便是陌生人也愿意与她亲近并和她促膝长谈。她知道怎样从人家嘴里掏出真心话，她的朋友们称她是他们的"亲密的随身精神医生"。

她自己常说："只要有人给我一次上电视的机会，我相信我一定能吸引众人的目光，作出一次精彩的访问。"

但是，她为实现这个理想做了些什么呢？什么也没做！她一直在等待奇迹出现，希望就在那么一瞬间突然当上电视节目的主持人。这种奇迹当然永远也不会到来。因为在她等待奇迹到来的时候，奇迹正与她擦肩而过。

启示：一次行动胜过千百次胡思乱想，成就大事的关键在于行动。

24. 罗伯特定理

概念：没有人因倒下或沮丧而失败，只有他们一直倒下或消极才会失败。

起源：由美国史学家卡维特·罗伯特提出。

案例：有个年轻人去微软公司应聘，而该公司并没有刊登过招聘广告。见总经理疑惑不解，年轻人用不太娴熟的英语解释说，自己是碰巧路过这里，就贸然进来了。总经理感觉很新鲜，破例让他一试。面试的结果出人意料，年轻人表现糟糕。他对总经理的解释是事先没有准备，总经理以为他不过是找个托词下台阶，就随口应道："等你准备好了再来试吧。"

一周后，年轻人再次走进微软公司的大门，这次他依然没有成功。但比起第一次，他的表现要好得多。而总经理给他的回答仍然同上次一样："等你准备好了再来试。"就这样，这个青年先后5次踏进微软公司的大门，最终被公司录用，成为公司的重点培养对象。

启示：也许，我们的人生旅途上沼泽遍布，荆棘丛生；也许我们追求的风景总是山重水复，不见柳暗花明；也许，我们虔诚的信念会被世俗的尘雾缠绕，而不能自由翱翔；也许，我们高贵的灵魂暂时在现实中找不到寄放的净土……那么，我们为什么不可以以勇敢者的气魄，坚定而自信地对自己说一声"再试一次！"再试一次，你就有可能达到成功的彼岸！

25. 焦点效应

概念：焦点效应，也叫做社会焦点效应，是人们高估周围人对自己外表和行为关注度的一种表现。

案例：同学聚会一起看集体合影的时候，每个人都能第一时间内在照片上找到自己，并且会非常注意自己在照片里的形象；在与亲朋好友聊天的时候，几乎所有人都会有意无意地、自然而然地把话题转移到自己身上来；在各种社交场合，几乎所有人都会想方设法博取别人的关注，甚至想成为全场的焦点……总而言之，不管在什么情况下，不管在什么样的场合中，每个人都希望自己能得到关注，每个人都觉得自己就是焦点。

启示：既然每一个人都有一种"想让自己成为焦点"的心理，那么，我们在人际交往的过程中就不能忽视人们的这种心理。

26. 跨栏定律

概念： 即一个人的成就大小往往取决于他所遇到的困难的程度。竖在你面前的栏越高，你跳得也越高。

起源： 阿费烈德。

案例： 有这样一个孩子，他相貌丑陋，说话口吃，而且因为疾病导致左脸局部麻痹、嘴角畸形、一只耳朵失聪，他的母亲为此陷入深深的痛苦之中："一个来到世界上没几年的孩子，就要忍受不幸命运的折磨，他以后怎么生活啊？"但她除了对孩子倍加爱护之外，还能做些什么呢？然而，也许这个孩子注定是个生活的强者，他比一般的孩子更快地走向成熟，他默默地忍受着别的孩子的嘲笑、讥讽的话语和目光，他自卑，但更有奋发图强的意志，当别的孩子在玩具中打发时间时，他则沉浸在书本中，在他读的书中有很大一部分是成人读物，他却读得津津有味，因为他从中学到了坚强，学到了一种永不放弃的品质。为了矫正自己的口吃，他模仿古代一位有名的演说家，嘴里含着小石子讲话。看着嘴唇和舌头都被石子磨烂的儿子，母亲心疼地流着眼泪说："不要练了，妈妈一辈子陪着你。"懂事的他替妈妈擦着眼泪说："妈妈，书上说，每一只漂亮的蝴蝶，都是自己冲破束缚它的茧之后才变成的，如果别人把茧剪开一道口，由茧变成了的蝴蝶就是不美丽的，我要做一只美丽的蝴蝶。"

后来，他能流利地讲话了。因为他的勤奋和善良，中学毕业时，他不仅取得了优异的成绩，还获得了良好的人缘，他周围的人，没有谁会嘲笑他，有的只是对他的敬佩和尊重。这时，他母亲为他找到了一份不错的工作，她希望自己的儿子尽量顺利些。但他同样对母亲说："妈妈，我要做一只美丽的蝴蝶。"

1993年10月，博学多才、颇有建树的他参加总理竞选，他的对手居心叵测地利用电视广告夸张他的脸部缺陷，然后写上这样的广告词："你要这样的人来当你的总理吗？"但是，这种极不道德的、带有人格侮辱的攻击招致了大部分选民的愤怒和谴责。当他的成长经历被人们知道后，他赢得了极大的同情和尊敬，他说的："我要带领国家和人民成为一只美丽的蝴蝶"的竞选口号，使他高票当选为总理，并在1997年的竞选中再次获胜，连任总理，人们亲切地称他为"蝴蝶总理"，他，就是加拿大第1位连任两届、跨世纪的总理让·克雷蒂安。

启示： 不被困难压倒，就在困境中奋起。一个人只要勤奋努力，就能获取成功的信息。

27. 古德曼定理

概念： 没有沉默就没有沟通。

起源： 美国加州大学心理学教授古德曼。

案例： 曾经有个小国派使者到中国来，进贡了三个一模一样的金人，金碧辉煌，把皇帝高兴坏了。可是这小国不厚道，同时出一道题目：这三个金人哪个最有价值？

皇帝想了许多办法，请来珠宝匠检查，称重量，看做工，都是一模一样的。怎么办？使者还等着回去汇报呢。泱泱大国，不会连这个小事都不懂吧？

最后，有一位退位的老大臣说他有办法。

皇帝将使者请到大殿，老臣胸有成竹地拿着三根稻草，插入第一个金人的耳朵里，这稻草从另一边耳朵出来了。第二个金人的稻草从嘴巴里直接掉出来，而第三个金人，稻草进去后掉进了肚子，什么响动也没有。老臣说：第三个金人最有价值！使者默默无语，答案正确。

启示：最有价值的人，不一定是最能说的人。老天给我们两只耳朵一个嘴巴，本来就是让我们多听少说的。善于倾听，才是成熟的人最基本的素质。当你能够心领神会的时候，沉默便胜过千言万语。

28. 海格力斯效应

概念：生活中，总是听到类似这样的话语："你不让我好过，你也别想好过。"说此话的人咬牙切齿，听此话的人则毛骨悚然。这种在人际交往中"以血还血、以牙还牙""以其人之道，还治其人之身""你跟我过不去，我也让你不痛快"的冤冤相报心理致使仇恨越来越深，在心理学上被称为"海格力斯效应"。

起源：希腊神话中的海格力斯。

案例：张辉比刘蒙晚几个月进入公司，但是，他们的工作内容都是一样的——跟踪服务客户。当然，收入跟业绩是紧密联系在一起的。刘蒙早来几个月，很显然对工作上的一些细节更加熟悉、了解。

张辉刚来公司的时候，老板让刘蒙带带他。刘蒙虽然表面上很爽快地答应下来，但是在工作的过程当中，他根本就没有把张辉当作自己的同事，而是把他看做自己的竞争对手，因此，他并没有给予张辉真正的帮助。

让张辉最不能接受的是，自己刚来公司，处于对"前辈"的信任，他把自己已经谈得差不多、只是缺少临门一脚的客户信息给了刘蒙，希望他能够助自己一臂之力。结果，那单子却鬼使神差地落到了刘蒙的手里。张辉当然明白，这是刘蒙从中做了手脚。从那时起，他们的积怨就沉淀了下来。

后来，张辉凭借自己的才智和努力，终于在公司争得了一席之地。但是怨恨就像一颗种子早已在他的心中扎根，他认为自己报复刘蒙的时机已经成熟了。于是，当刘蒙的客户把电话打到办公室时，如果恰巧刘蒙又不在办公室，张辉就会使出浑身解数，把他的单子"搅黄"。

这样一来，刘蒙的业绩大不如从前。后来，刘蒙从其他同事那里听到了"风声"，于是，办公室里一场没有硝烟的战争正式拉开帷幕。直至后来，他们两个由于都没有完成公司任务，被双双解聘。

启示：日常的交际中，人与人之间的摩擦、误解和恩怨总是在所难免的，如果你的肩上一直扛着"仇恨袋"，最终一定是在堵死对方的路的同时，也堵死了自己的路。

29. 王安论断

概念：犹豫不决固然可以免去一些做错事的机会，但也失去了成功的机遇。

起源：美籍华裔企业家王安博士。

案例：1983年，时任中国光大实业公司董事长的王光英看到了一份工作人员为他准备的报告。他从报告中得知，智利一家倒闭的铜矿由于急于还债，需要处理一批二手矿车。这批矿车都是倒闭前不久矿主为加快工程进度采购的，几乎没怎么用过。矿车均为名牌车，总数有1500辆。

王光英一拍大腿，认为机会来了。他火速派人与矿山老板取得了联系，表示了愿意买车的意愿。与此同时，一个负责购车的专家与工作人员派遣组火速成立了。临行前，王光英告诉他们，要有勇气，要相信自己的判断力，不要事事请示，只要你们认为车好价格好，就果敢拍板成交。

这位矿主虽说已破产，可他对即将出手的1500辆车保护得令人感动。这些卡车载重7吨到30吨不等，矿主包租了一个体育场，将这些车整整齐齐地摆放在这里，而且他让工人将所有的车都细心地涂抹了防锈油。专家组人员看到这些车时，不禁齐声赞叹。他们一丝不苟地验车，各项指标确实令人满意。派遣组人员丝毫不耽搁，马上开始了与矿主的讨价还价。矿主由于还债心切，最后双方很快以原价八折的价格成交了。协议刚达成，一位美国商人就来到了铜矿。

王光英的这次果敢决策，为国家净赚了2500万美元。试想，要是他面对信息犹豫不决，瞻前顾后，那批车肯定就被那位美国商人捷足先登了，2500万美元也会进了别人腰包。

启示： 成功始于果敢的决策。纵观古今中外富商巨贾的成长历程，无不都是面对机会后果敢决策才取得成功的。在他们眼里，成功就是一场赌博。成功者的过人之处，就在于面对机会而敢赌敢拼。当然，冒险或投资要见机行事。有的人因冒险而一步登天，也有人因冒险而家败人亡。该不该去冒险，全在于对形势的充分估计和正确分析。

30. 虚荣心理

概念： 虚荣心是指人们对虚荣的一种渴求心理，是人类天性的一部分，是人类一种普遍的心理状态。

起源： 根据弗洛伊德的理论，人的虚荣心理应该是从出生就产生了，即每个人天生就有一种虚荣心理。

案例： 杨彦走进家具公司老板的办公室的时候，他并没有得到热情的款待。当杨彦说明来意之后，家具公司的老板李总冷冷地回了他这样一句话："如果你们的油漆产品足够好，价格足够合理，我们还有的可谈，如果价格高过市场最低价很多的话，我们就没有什么可谈的了。所以，请你回去好好想一下我的话。另外，我们已经有满意的合作伙伴了。"

杨彦一听这话，计上心来，连忙对李总说："不！不！不！我此行除了推销我的油漆，还有另外的目的。我听说，贵公司的家具质量相当好，特地来拜访一下。另外，我久仰您的大名，您是本市最杰出的企业家之一，您经过短短几年的时间，就取得了这么辉煌的成就，真是让人羡慕！对于我这样一个年轻人来讲，您的经历和您的成就对我肯定会有不一般的影响。所以，李总，您能不能利用几分钟时间，给我讲一讲您的创业经历呢？"

李总的情绪本来并不是很好，但是一听这个年轻人这样说，顿时兴奋起来："哪里哪里！年轻人啊，你有这样的心态，不容易。现在的年轻人都特别浮躁，很少有像你这样虚心的年轻人了。说起我的创业史啊……"紧接着，李总就把自己这几年经历过的艰辛简单地介绍了一下。

杨彦则让自己尽可能认真地听完了李总的讲述，并不时地对李总的讲述回以掌声和点头默许。

紧接着，杨彦就以此为突破口向李总介绍了自己今天带来的一款新型漆的最大特点就是在继承了传统漆所有优点的基础上，大大地增强了防水性。

李总当时就对这种新型的防水漆产生了浓厚的兴趣。

半小时之后，心情大好的李总当场就和杨彦签订了一个大单子。

启示： 在人际交往的过程中，我们要试着在适当的场合、适当地说一些奉承话，这样就能满足对方心理的"虚荣需求"，让我们的人际关系更和谐，以不变应万变、得心应手地去处理各种不同的人际关系。

31. 应该心理

概念：我们怎样对待别人，别人也应该怎样对待我们，如果对方不能至少以我们对待他们的方式对待我们的话，那么我们就会认为这是不应该的事情。这种奇怪的心理每个人都有，在心理学上，我们把这种心理效应称为"应该效应"。

案例：李刚和赵岩原本是非常要好的朋友，他们从小在一个大院里长大，简直情同手足。然而最近一段时间，两个人因为一些小误会，关系发生了变化。

上个月，李刚想买车，但是自己手上的钱不够，因此想向赵岩借一笔钱。让赵岩为难的是，自己确实有一笔存款，但是这笔存款是准备买房用的，目前正在到处看房子，一旦看好房子马上就要用钱。赵岩还认为，李刚虽然是自己从小一起长大的好朋友，但是朋友之间"救急不救穷"，这笔钱不能借，于是婉转地拒绝了李刚的请求。

李刚一听赵岩拒绝了自己，心里很生气，但是脸上并没有表现出来。

赵岩也明显感觉到了李刚的不满，但是他也很无奈。

从这件事情以后，李刚和赵岩之间的关系就发生了一些微妙的变化，两个人原来还隔三差五地聚一聚，但是，因为这件事，他们两个人一直到现在为止还没有见过一次面。

启示：我们在人际交往的过程中，一定要透彻地看清楚人们的这种心理，并且以我们的方式去满足对方的这种心理，或者至少要用别人对待我们的方式去对待别人，不让对方从心理上产生"不平衡感"。否则，我们的人际关系是会受损的。

32. 排斥心理

概念：指人们对自身之外的人或物持有的一种不接受的甚至是排斥的心理状态。

案例：通常来讲，很多人可能不会意识到排斥心理的存在，其实即使是那些最善于交际的人，在人们眼中人缘非常好的人，他们内心也有排斥心理，只是对不同的人排斥的程度不同而已。我们不妨问问自己，不管对于什么样的人，我们都能绝对、完全地接受对方的一切吗？相信很多人在面对这样的问题时，都会摇摇头。是的，我们的内心总有那么一点排斥别人的心理，只是对于亲朋好友，我们排斥的程度很小，甚至很多时候让我们忽略掉了，而对于陌生人、竞争对象、仇人、自己不喜欢的人……我们心里的排斥程度很强，很多时候甚至会由此引发矛盾。

启示：在人际交往的过程中，我们不仅不能忽略自己的排斥心理，更要学会洞察别人的排斥心理。我们只有学会洞察别人的排斥心理，才能在适当的场合、适当的时机，用适当的交际手腕，巧妙地化解对方的排斥心理，拉近彼此的心理距离，得心应手地处理人际关系。否则，我们同样会遭遇人际麻烦。

33. 防卫心理

概念： 防卫心理是指人们天生具有的一种自我保护的心理。

案例： 杨光从北京一所著名的大学毕业以后，在北京一家很有实力的软件公司找到了一份不错的工作。但是参加工作不久，杨光就发现了一个小问题：部门经理给自己安排的主管对自己非常冷淡。一经打听，杨光才知道，主管属于自学成才型的，对公司里的高学历人才都不"感冒"。对此，有同事还特意提醒杨光："哥们儿，你以后要小心点，不要让刘主管抓住你的'小辫子'。"

先是公司老总在公司例会上含沙射影地批评了杨光："有些新员工，虽然业务能力不错，但是就因此心高气傲，一副谁也看不上的样子，这可不行。"公司里的人都知道这是在批评杨光。

紧接着，部门经理又找杨光谈话，旁敲侧击地告诉杨光："即使业务能力很强，也要团结同事，不能耍性子！"

更可怕的是，从那以后，再有什么重要的项目，主管就故意不让杨光参与，只是偶尔会让杨光打打杂，帮帮小忙，而且主管还时不时找机会冷言冷语地讽刺杨光。

这时，杨光才明白了刚进公司时那个同事提醒他的那句话。杨光立马找到那位同事，大倒苦水。那个同事安慰杨光说："哥们儿，你的情况算是好的了。没把你开除，是你运气好。这一切都是我们的主管和部门经理在搞鬼。你要知道，我们的主管和部门经理都没有什么学历，都是自学成才入的行。他们能做到这个位置，很不容易。因为没有学历，他们很没有安全感。所以我上次提醒你要悠着点。但是你不听，现在知道厉害了吧！"

启示：人的防卫心理是普遍存在的，不管在什么场合，与什么人交往，我们都要学会洞察对方的"防卫心理"，并采取措施化解对方的防卫心理，从心理上给对方一种安全感，让对方觉得和我们处事是安全的……这样我们才能真正获取对方的信任，与对方建立起互信互利的和谐的人际关系。

34. 惊吓效应

概念：一般来讲，人在受到惊吓的时候，生理和心理会在短时间内发生剧烈的变化，血压会升高，心跳会加快，突然间变得不理智，甚至会做出一些让他自己都不敢相信的行为。

案例：战国时期，有个名叫张丑的人，在燕国做了好多年的人质。后来，燕国国王觉得张丑这个人质已经没有什么意义了，就决定杀掉张丑。张丑听说燕王要杀死自己，非常害怕，就趁机逃出了燕国的国都。

燕王听说张丑逃跑了，非常生气，便马上派人去追赶张丑。

话说张丑一路上又饥又饿，费了九牛二虎之力，终于逃到了燕国边界。然而不幸的是，燕国边界的官员还是发现了张丑，并把张丑抓了起来，决定把张丑献给燕王。

张丑一见这架势，感觉情况不妙，略加思忖，计上心来，就对边界巡官偷偷地说："你知道为什么燕王要抓我吗？那是因为有人向燕王进言说我有很多珠宝。事实上，我的那些珠宝已经没有了，但是燕王就是不相信我的话。现在，如果你把我送给燕王的话，我就会说我已经把这些珠宝都送给你了。到时候，燕王肯定就会找你要这些珠宝，遭殃的就是你了。你自己就掂量着办吧！燕王的残忍你也是知道的，到时候不把你打个皮开肉绽是绝对不会放过你的。"

边界巡官一听张丑这么说，脸都吓白了，当时就把张丑给放了。张丑就这样逃过了燕兵的围追堵截。

启示： 在人际交往的过程中，我们也不妨好好地用一用"惊吓效应"，在适当的时候利用一些危言耸听的话语来激起对方的恐惧感，从而轻松地掌控和操纵对方的心理，让对方在非正常的恐惧心态中做出有利于我们的行为。

35. 反暗示效应

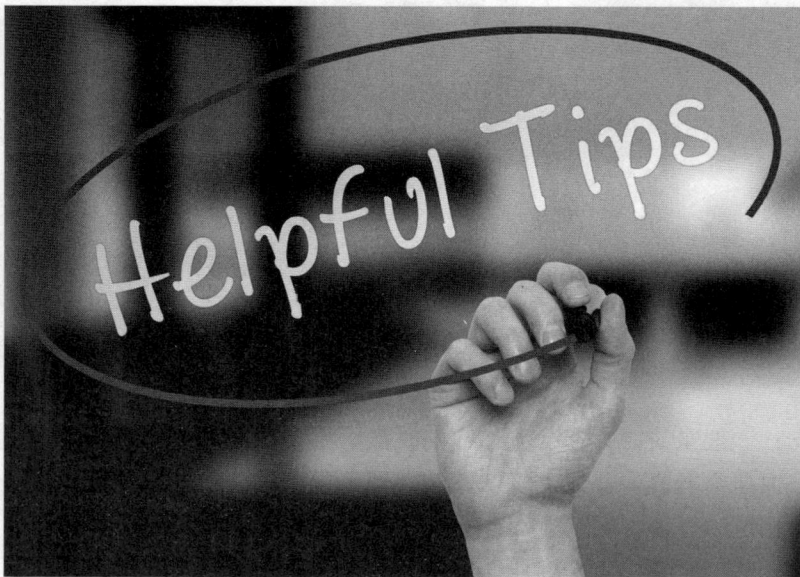

概念： 是指在有一定心理对抗的情况下，用夸张或者激将的间接方法影响别人的行为，从而诱导别人做出有利于我们的行为，达到我们的目的。

案例： 春秋战国时期，有一次，秦国的相国吕不韦回到家里，脸色非常难看，看上去十分恼怒，甘罗见状，就走上前问道："丞相有什么心事，可以告诉我吗？"

事情原来是这样的，张唐是秦国一位大臣，曾率军攻打赵国并占领了大片的土地，赵王对他恨之入骨，声称如果有人杀死张唐，就赏赐给他百里之地，这次出使燕国必须经过赵国，所以张唐推辞不去。

甘罗听了，微微笑道："原来是这样一件小事，丞相何不让我去劝劝他？"吕不韦责备他："小孩子不要口出狂言，我自己请他他还不去，何况你小小年纪。"

甘罗听了不服气地说："我听说项橐七岁的时候就被孔子尊为老师，我现在比他还大五岁，你为何不让我去试试，如果不成功的话，你再责备我也不迟啊！"

吕不韦见他语气坚定、神气凛然，心里不由暗自赞赏，于是就改变了态度，放缓了口气说："好，那你就去试试吧！事成之后，必有重赏。"

甘罗到了张唐家里。张唐听说是吕不韦的门客来访，连忙出来相见，却发现甘罗不过是个十多岁的小孩子，不由得心生轻视，张口就问道："你来干什么？"

甘罗见他态度傲慢，就说道："我来给你吊丧来了。"

张唐听了大怒："小孩子怎么能这样说话，我家又没死人，你来吊什么丧？"

甘罗笑道："我可不敢胡说啊，你听我讲一下原因。你和武安君白起相比，谁的功劳更大啊！"

张唐连忙答道："武安君英勇善战，南面攻打强大的楚国，北面扬威于燕赵，占领的地方不计其数，功绩显赫。我怎么敢和他相比啊？"

"应侯范雎和文信侯相比，谁更专权独断啊？"甘罗接着问道。应侯是秦国以前的一位丞相，文信侯即吕不韦。

张唐答道："应侯当然不如文信侯专权独断啦！"

"你真的知道应侯不如文信侯专权吗？"

张唐说道："当然了。"

甘罗听了笑道："既然如此，那你为何还推辞不去呢？我听说，应侯想攻打赵国的时候，武安君反对他，武安君离开咸阳七里就被应侯派人赐死。像武安君这样的人尚且不能被应侯所容忍，你想文信侯会容忍你吗？"

张唐听了这话，不由得直冒冷汗。甘罗见状又说："如果你愿意去燕国的话，我愿意替你先到赵国去一趟。"

张唐连忙称谢答应了。

启示：在人际交往的过程中，如果我们能很好地利用"反暗示效应"，也可以轻松驾驭别人的心理、操控对方的行为，从而让别人做出我们所期望的行为，达到我们的目的。

36. 邻里效应

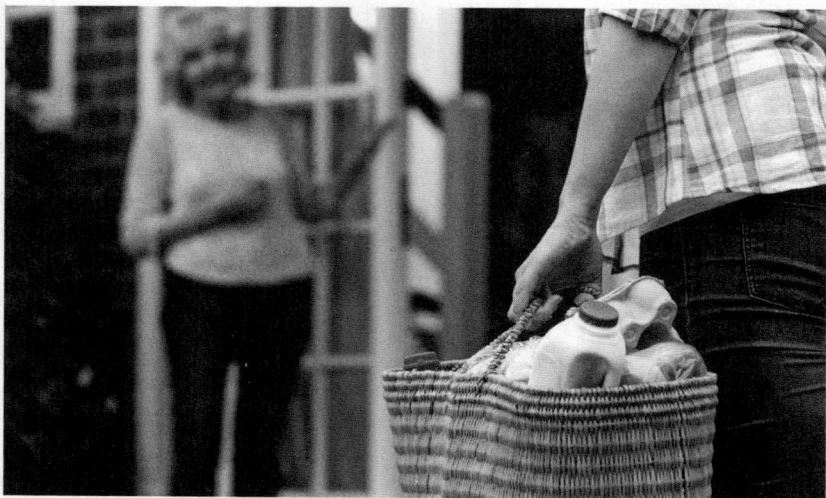

概念：因为我们跟自己的邻居交往得多、接触得多，所以日益熟悉起来；而跟自己的亲戚由于空间距离上相对较远，接触的机会就会相对减少，久而久之，彼此间的关系就生疏起来了。这种现象，在心理学上就被称作"邻里效应"。

案例：在公司里，夏利是个人人羡慕的人物，她年纪轻轻且刚刚大学毕业就当上了总经理的秘书，成为离老板最近的人。"你真好，天天跟公司的高管混在一起，最容易得到高管的赏识，不像我们，累死累活地在那里干活，一个月也见不到总经理一次。近水楼台先得月，你肯定比我们要升得快很多。"同事们都羡慕地说道。

可是，"社会大学"是一所多元化的大学，以前从未面对过的考验，在这里你都要学会接受。夏利进入公司一个月后，就开始为如何与领导相处犯了难。不管她怎样下定决心与领导搞好关系，但很多话她仍旧说不出口。在别人那里再正常不过的一些话，在她看来都是趋炎附势。

起初的两周内，领导每天总是先打破沉默，主动找她说话或者和她聊一些生活中的趣闻。渐渐地，她发现领导找她说话的次数越来越少了，即使说话，也仅仅局限在工作范畴内。这样一来，办公室的气氛就更加拘谨、沉闷，而这种工作的氛围，让夏利感到很压抑。可是她实在不知道如何打破这种局面，以至于她和领导的关系陷入了僵局。

启示：人与人之间交往越多，关系就会越亲密。

37.跷跷板定律

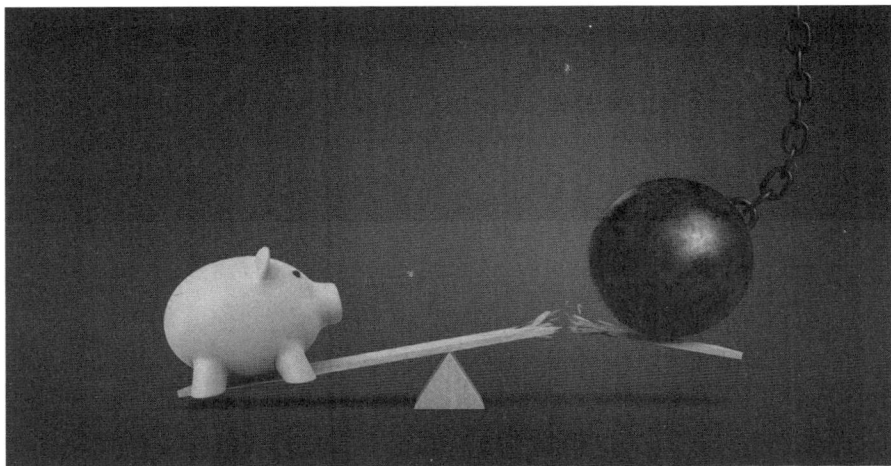

概念：人际交往在本质上是一个社会交换的过程，即相互间给予彼此所需要的。有的人把这种交换称为人际交往的互惠原则。

起源：著名的社会心理学家霍曼斯。

案例：刘晓明毕业于名牌大学，在学校时受到的嘉奖与表扬无数。毕业后，他又到国外继续深造了一年，并拿到了硕士学位。这一切让他有一种无比的优越感，参加工作后，自然而然地也就自认为是公司的佼佼者。

但是进入公司后不久，他就发现大家似乎并不买他的账。很多人并不是找他取经说道，而是尽量避免与他接触。这样一来，导致他在公司的人缘非常不好。

前些天的一件事，更是让刘晓明的同事王鸿心中不快。眼看就要下班了，王鸿的工作还没做完，但他母亲乘坐的火车马上就要到了，由于母亲第一次从乡下到城里来，所以他必须去接站。"兄弟，帮我把这些文件整理一下，我去下火车站。"王鸿一边说着，一边起身穿衣服。

"我晚上还有事，你还是自己解决吧。"这时，另外一位同事主动站出来请缨，这让王鸿感动不已。日后，他们不但成了要好的工作伙伴，私底下，还成了非常要好的朋友。

慢慢地，一些同事们关于他的议论传到了他的而耳朵里。"他以为他是谁啊！凭什么总是指手画脚地让我去给他发传真？他自己没有手脚吗？""是啊，动不动就让我给他打饭，跟个大爷似的。""每次跟我借钱，就跟我欠他似的。上次，我出门忘了带钱包，找他借几十元钱，他竟然拒绝了。"……

他这才醒悟，原来自己在同事的心目中竟是这么自私的一个人。而且他还发现，同事都是各大名校的高材生，自己根本就没有什么值得炫耀的。可是这些，他以前似乎从未考虑过。

从那以后，刘晓明就像变了一个人似的，他开始学着去关心身边的同事，在他们需要帮助的时候，他总是第一时间站出来。渐渐地，跟他打招呼的人多了起来，他的电话号码逐渐地被大家要去，周末的时候，大家时不时地就会叫他去打打桌球。

启示：我们必须清醒地认识到，无论是性格使然，还是不懂得社交技巧，每个人在日常交际中，都应该认识到人际交往中对等的重要性。在交际中，人与人之间的关系就像是坐在跷跷板上，只有保持彼此间的平衡，让双方都轮流翘起来，才能继续玩下去。

38. 曝光效应

概念：人们看到熟悉的事物出现在眼前，总是有一种如沐春风的感觉。这就是心理学上的曝光效应，又被称为多看效应、暴露效应、接触效应等。

起源：心理学家费希纳。

案例：周诗同又混进了出版业，忙着帮几位作家把作品卖到海外去。他在朋友的心目中永远都是八面神通，出版业、广告业、金融业、工商业等几乎就没有他不认识的人。其实，他并不认识什么作家，也没有海外出版业的朋友，但他却能鬼使神差地把两者联系起来。

周诗同性格豪爽，喜欢交朋友，因此，全国各地单位组织的会议一概都会有他的身影。他还有一个爱好，就是喜欢在报纸上撰篇小文。这样一来，他在媒体面前的曝光率就逐渐高了起来，人们对他也就逐渐熟悉起来。而且周诗同这样的人，还很容易给人一种"这人很了不起"的印象。

启示：人际交往中，若想增强吸引力，就要提高自己在别人面前的"曝光率"，加强别人对自己的熟悉度，这样才有可能让别人更加喜欢你，更喜欢与你交往。

39. 竞争优势效应

概念：社会心理学家认为，人们天生就怀着一种竞争的天性，每个人都总是希望自己更优秀，从而可以超越他人。因此，当人们面对利益冲突时，就会毫不犹豫地选择竞争，即使双方拼个两败俱伤也在所不惜。有时，双方原本是合作伙伴，但因利益分配不均，致使双方分道扬镳，放弃了有利于双方的"合作"，而转向竞争。这种现象，在心理学上被称作"竞争优势效应"。

起源：心理学家让参与实验的学生两两组合，然后各自在纸上写下自己想要得到的钱的金额，当然在写之前是不能商量的。如果两个人的金额之和等于或是小于100元，那么，两个人就可以从心理学家那里得到自己在纸上写下的金额的钱；如果两个人的金额之和大于100元，那么他们就要分别付给心理学家纸上的金额的钱。

结果，大部分的学生都需要付给心理学家钱，而在纸上写下的金额之和小于100元的学生寥寥无几。

启示： 我们应该感谢竞争对手，正是由于竞争对手的虎视眈眈，才让我们时刻保持清醒的头脑和较高的危机意识，使我们一刻都不敢放慢前进的脚步，否则就在会日益激烈的竞争中惨遭淘汰。

40. 亲和动机

概念： 亲和动机指人们往往会由彼此存在着某种共同、共通或相似之处，而感到更容易接近。接近后，彼此间又因此产生亲切感。

案例： 出门在外的人一定有过这样的经历，与人初次见面时，彼此间开门见山问的第一句话就是"老家在哪？"倘若巧遇故乡人，即便素不相识，也会倍感亲切，从心理上就会感觉彼此间的距离更近了一点，彼此的交往也就会更加融洽。

启示： 每个人都有亲和动机，每个人都渴望温情。而当一个人身临险境，感受到强烈的不安和恐怖时，他的"亲和需求"就会更加强烈。这个时候，唯一能够给他带来慰藉的就是温情。

第四章

哲学定律

1. 对立统一

用对立统一的观点看问题

概念：又称对立面的统一和斗争的规律。它揭示了客观存在（自然界、人类社会和人类思维等）具有的特点，都包含着内在的矛盾性，都是矛盾的统一体，事物内部矛盾是事物发展变化的源泉、动力，推动事物发展。

起源：在哲学思想发展的初期就已具有关于对立面的斗争和转化的思想。古希腊哲学家赫拉克利特认为一切都是经过斗争产生的。中国古代道家经典《易经》用阴和阳两种对立力量的相互作用解释事物的发展变化。近代德国哲学家G.W.F. 黑格尔以唯心主义的方式系统地表述了关于对立统一的思想，认为矛盾是推动整个世界的原则。马克思主义批判地改造和吸取了哲学史上特别是黑格尔的合理思想，深入地揭示了对立统一规律，并给予了科学的论述。

案例：事物都是一分为二的。曾经给人类带来巨大灾难的天花病毒，是名副其实的老毒王，若不慎被恐怖分子拿到手，完全有可能制造一场全球性大灾难。

然而，科学家研究发现，天花病毒的许多基因是仿制人类基因，特别是人类基因系统基因的。它通过仿制人类基因，干扰和破坏人体免疫系统的防御功能。天花病毒中有一种指令制造伪人体细胞感受器的基因。我们知道，人体细胞受到病毒攻击，会向周围的健康细胞发出SOS危险信号，健康细胞接到信号后，便会做出各种免疫反应，阻碍病毒杀手攻势。然而，作为天花病毒杀手的伪感受器，则能截获并中断人体受攻击细胞发出的呼救信号，使其他健康细胞不能感受之，从而对进攻的天花病毒防不胜防，天花病毒则得以长驱直入。根据天花病毒与人体防御系统相互作用原理，科学家找到了某些怪病的病因，如类风湿关节炎和病毒性心肌炎的病因，并由此开发出治疗新药。看来，天花也有妩媚的一面。

启示：斗争则是绝对的，正如发展、运动是绝对的一样。——列宁《列宁选集》。

对立面斗争的绝对性和统一的相对性原理，高度概括地反映了斗争和统一在矛盾运动中的不同地位及其相互关系。只有依据这一原理，才能对事物的矛盾运动过程作出完整的规律性的说明。

对立面斗争的绝对性是指它的普遍性、无条件性。对立面的斗争性是矛盾运动中活跃的、能动的方面，它能够打破各种条件的限制，并能创造矛盾发展所必需的新条件。

有矛盾就有斗争，矛盾斗争的存在不受任何条件限制，对立面相互排斥的趋势在任何条件下都要贯彻下去。

2. 质量互变

概念：唯物辩证法的基本规律。又称量变质变规律。这一规律表明，事物的发展变化存在两种基本形式，即量变和质变，前者表现为事物及其特性在数量上的增加或减少，是一种连续的、不显著的变化，后者是事物根本性质的变化，是渐进过程的中断，是由一种质的形态向另一种质的形态的突变。在事物内部矛盾的作用下，事物的发展从量变开始，当量变达到一定的界限时，量变就转化为质变，事物的性质发生了变化，旧质事物就变成了新质事物。这是量变向质变的转化。在新质的基础上又开始了新的量变。这是质变向量变的转化。量变引起质变，质变又引起新的量变，循环往复以至无穷，构成了事物无限发展的过程。量变和质变，是事物发展变化的两种基本形式，二者既有区别又有联系，在事物发展过程中，它们是相互依存、相互渗透的。量变中有阶段性的和局部性的部分质变，质变中有量的扩张。

起源： 在古代，一些思想家已经注意到了量变引起质变的现象。《老子》提出"合抱之木，生于毫末；九层之台，起于累土"。《战国策》中说"积羽沉舟，群轻折轴"等，包含着量变引起质变的思想。古希腊哲学提出了某种元素的"凝聚化"和"稀薄化"导致形成不同质的事物的思想，在"谷堆论证"、"秃头论证"中讨论了量变与质变的关系。近代德国哲学家黑格尔第一次以唯心主义的形式系统地阐述了质量互变规律。马克思、恩格斯在概括大量自然科学成果的基础上，批判地继承了黑格尔唯心辩证法中的合理因素，对于质量互变规律进行了科学阐释。

案例： 邓小平在科学把握了中国社会性质和发展阶段后，依据质量互变规律对中国现代化建设的发展战略进行了谋划，构建了中国现代化的宏伟蓝图。唯物辩证法认为，事物的发展是一个从量变到质变、从质变到量变的无限发展过程，量变是质变的必要准备，质变是量变的必然结果。邓小平以此作为哲学依据，结合中国的实际情况，设计了中国现代化"三步走"的发展战略。早在1982年，他就意识到本世纪末工农业产值翻两番目标，实现的关键在于"要聚精会神把长远规划搞好，长远规划的关键是前十年为后十年做好准备"。只有前十年踏踏实实做好准备工作才有可能达到"翻两番"，"小康社会""对中国来说是一个雄心壮志，是一个宏伟目标"。

启示： 质量互变规律对于人们的认识和实践活动具有重要的指导意义，它要求人们要重视量的积累，注意事物细小的变化，不可揠苗助长急于求成，对于消极因素，要防微杜渐；同时又要根据事物的发展进程，不失时机地促使事物由量变到质变的转化。

质量互变规律方法论意义在于：第一，在认识和处理问题上要把握适度的原则；第二，注意在理论上正确处理量变和质变的关系；第三，注意把握质量互变规律在实际工作中的指导意义；第四，结合我国现代化建设实际，处理好经济社会发展中各种质量关系，为社会服务。

3. 否定之否定

　　概念：作为辩证法三大规律之一的否定之否定规律，它在辩证法发展史上经历的过程恰恰与这一规律的本质完全吻合，真正体现出了"言行一致、表里如一"的特点。换句话说，在哲学史上否定之否定规律自身发展过程的特点就是否定之否定。具体说来，整个发展过程经历了：肯定、否定、否定之否定（肯定）的过程，这一特点与否定之否定规律自身具有的规定性恰好保持了一致性。

　　起源：恩格斯最早从黑格尔的《逻辑学》中抽象和总结出辩证法的三个规律，他使辩证法的规律清晰化了。这是恩格斯在哲学理论上做出的巨大贡献。然而，他对否定之否定规律内涵的认识却存在层次不高的缺陷，因为恩格斯是从黑格尔《逻辑学》的论述结构中把握住这一规律的，所以他对否定之否定规律的认识没有能够上升到本质的高度，而是停留在它的形式上。抓住了三段式这一形式，忽视了否定之否定规律的本质：揭示出矛盾运动过程和运动结果具有的特点。这样一来，恩格斯的认识偏离了否定之否定规律的真实内涵。

　　列宁在青年时代就对三段式的论述模式产生了极大的反感，认为这是黑格尔的遗迹，从而否认了这一规律的存在。后来经过认真的研究列宁改变了自己的看法，于是把它应用到连续发展过程中，提出了质的运动具有螺旋式上升的特点。显然，列宁也是从形式上把握了否定之否定规律的特点。

　　案例：邓小平在著名的1992年初的南方谈话中，在概括社会主义本质时，提出了"解放生产力"的论断，这是对马克思列宁主义和毛泽东思想的丰富和发展。我国自1978年以来的改革开放的伟大实践，正是以这一伟大思想为其理论基石的。邓小平说："革命是解放生产力，改革也是解放生产力……"社会主义基本制度确定以后，还要从根本上改变束缚生产力发展的经济体制，建立起充满生机和活力的社会主义经济体制，促进生产力的发展，这是改革。所以改革也是解放生产力。过去，只讲在社会主义条件下发展生产力，没有讲还要通过改革解放生产力，不完全。应该把解放生产力和发展生产力两个讲全了。这种把"解放生产力"和"发展生产力"并提的思想，正是继承和发展了毛泽东关于"我们的根本任务，已经由解放生产力变为在新的生产关系下面保护和发展生产力"的思想，其中所运用的思维方式，仍然是辩证逻辑思维中的否定之否定。

邓小平的经济理论的形成和发展过程几乎处处都闪耀着辩证逻辑思维中的否定之否定的理论思维光辉。

启示：揭示了矛盾运动过程具有的特点，它告诉人们，矛盾运动是生命力的表现，其特点是自我否定、向对立面转化。因此否定之否定规律构成了辩证运动的实质。

4. 主观精神

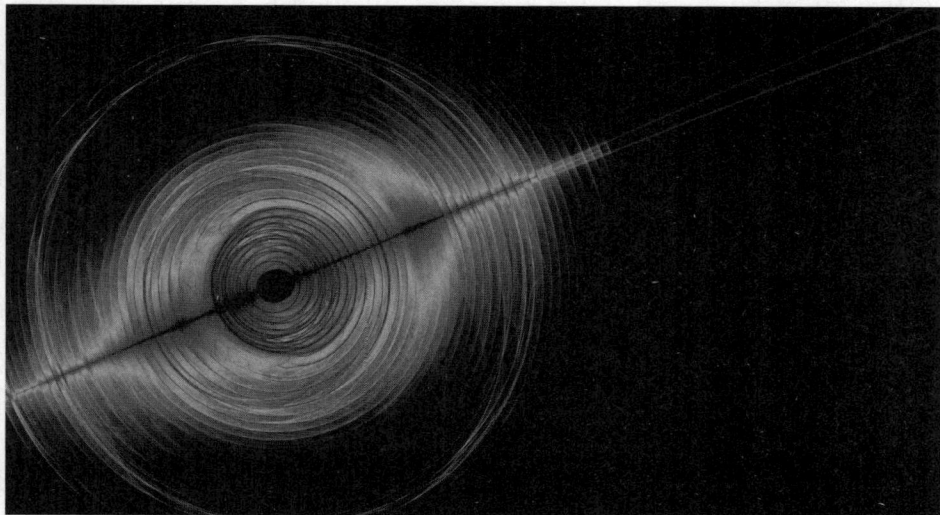

概念：指的是德国黑格尔用语。精神哲学的第一部分。指在主观精神阶段、精神尚处在概念中，还没有使它的概念成为具有客观性的东西，还没有展现于法律、道德、风俗习惯和社会制度之中，具有主观性。

起源：黑格尔

阐释：人的意识对于对象的认识由感觉、直观、表象开始，然后形成概念由低级阶段达到高级阶段。"主观精神"又分为一个阶段：灵魂、意识、"自我规定着的精神"。灵魂是一种"自在的或自接的精神"，又称为"自然精神"。它只是精神的"睡眠状态"，只具有种低级的、模糊的意识。

意识是"精神现象学"研究的对象。在这个阶段，精神作为间接的、明显的意识，也就是把灵魂中只是潜在的区别明白地表现出来，成为"自我"与"独立的对象"的意识，意识与外在对象之间的关系是对立的。"精神"是心理学研究的对象。"精神"是"灵魂"与"意识"的统一。是种直接的整体，它表现为自己决定自己的独立主体的意识，扬弃一切外在于精神的异己性，精神的对象不是外在的。精神中的主客之分在主体范围之内。

5. 客观精神说

概念："客观精神说"认为艺术是"理念"或者客观"宇宙精神"的体现。

阐释：古希腊哲学家柏拉图：理性世界是第一性的，感性世界是第二性的，而艺术世界仅仅是第三性的也就是说只有理式世界是真实的，而现实世界只是理式世界的摹本，那么艺术世界当然更不真实了，艺术只能算作"摹本的摹本""影子的影子""和真实隔着三层"。柏拉图对艺术的认识依据于他客观唯心主义的哲学观，他力图从具体的艺术作品中找出深刻的普遍性来。

德国古典美学集大成者黑格尔：核心"美就是理念的感性显现"把艺术的本质归结于"理念"或"绝对精神"又包含深刻的辩证法思想，认为"理念"是内容，"感性显现"是表现形式，二者是统一的。艺术离不开内容，也离不开形式；离不开理性也离不开感性。在艺术作品中人们总是可以从有限的感性形象认识到无限的普遍真理。

中国古代也有类似的"文以载道"说，南北朝时期，刘勰《文心雕龙》认为文是道的表现，道是文的本源。宋代理学家朱熹在文与道的关系上更是走上了极端，认为"文"只不过是载"道"的简单工具，即"犹车之载物"罢了。这样一来，"道"不仅是文艺的本质，而且是文艺的内容，"文"仅仅是作为"道"的工具而已。显然，这种"文以载道"说同样把艺术的本质归结为某种客观精神。

6. 绝对精神

概念：指万物最初的原因与内在的本质，先于自然界与人类社会永恒存在的实在。黑格尔指出：世界上的一切都是绝对精神的外在表现。

起源：德国黑格尔提出的哲学概念。

阐释：绝对精神是德国黑格尔用语。在黑格尔哲学中，绝对精神是客观独立存在的某种宇宙精神，这种精神实为一种逻辑思维，是脱离了人并与客观世界相分离的，只以概念形式表现出来。绝对精神是先于自然界和人类社会永恒存在着的实在，是宇宙万物的内在本质和核心，万物只是它的外在表现。绝对精神是一种活生生的、积极能动的力量。黑格尔认为，精神从来没有停止运动，它永远是在前进运动着，精神的辩证运动就是"概念的内在发展"。精神由于自身包含着内在矛盾，使它不断地自我否定而向前进展，绝对精神自我发展经历三个大阶段：逻辑阶段、自然阶段、精神阶段。

绝对精神自我发展也就是它的自我认识的过程，而黑格尔的整个哲学正是对"绝对精神"的发展过程及自我认识过程的系统阐述。在黑格尔著作中，从广义上说，绝对精神与绝对观念有时互相通用；从狭义上说，绝对精神仅指精神阶段中主观精神和客观精神的统一，是精神最后返回到它自身作为精神的存在。

启示：黑格尔心中有一个"世界之神"，它创造了这世界上一切东西。物质的、精神的东西都从它那里产生，最后又都返回到它那里去。

但是黑格尔所说的这个"世界之神"，并不是像基督教中的上帝那样的存在物。他把"神"理解为一种"精神"。在黑格尔看来，精神具有一种神性，它是神在世间最高贵的体现。当神在人类精神中完全展现自己的时候，必定是以一种精神的形式出现。

如果神是精神，而世界又是神的产物，那么很显然，世界也就是精神的产物。但是这个"精神"，又不能等同于哪一个人的"精神"。这种精神是独立于我们所有人的，甚至独立于所有事物的。它是在自然界和人类社会出现以前，就存在着的一种精神性的本原。这就是"绝对精神"。

所有在我们面前展现的事物，不仅包括人的精神意识活动，也包括山川河流、动物植物，人类社会……都是绝对精神自己展开、自己实现的结果。也许有人说，这些东西明明是物质的嘛！但黑格尔指出：你看到的只是现象，你得透过现象看本质——它们本质上都是精神的，这些现象都是精神的现象。

7. 客观唯心主义

概念：客观唯心主义认为某种客观的精神或原则，先于物质世界产生并独立于物质世界而存在，而物质世界是这种客观精神或原则的外在表现；绝对唯心主义则包涵唯心主义的所有共同特点。

起源：柏拉图是客观唯心主义理念论哲学的创始人。他继承和发展了苏格拉底的"概念"论和巴门尼德的存在论，建立了以理念论为核心的哲学体系。理念论是柏拉图哲学的本体论，也是柏拉图哲学的基石。他的"回忆说"认为认识就是回忆，坚持了唯心主义先验论。他的理念论承继了旧氏族时代的"因袭的观点和思想方式"，带有许多浓厚的宗教色彩和神秘主义因素。

启示：客观唯心主义的特点，是把人的意识、一般概念与它们所反映的客观内容，所依赖的物质实体完全割裂开，把意识的相对独立性绝对化、神化，使之变成一个脱离、先于并主宰物质世界而独立存在的东西。因此，客观唯心主义总是同宗教密切联系，是哲学化了的宗教。恩格斯指出："在黑格尔那里，创世说往往采取了比在基督教那里还要混乱而荒唐的形式"（《费尔巴哈论》第15页）列宁说："唯心主义就是僧侣主义。"

8. 科学归纳法

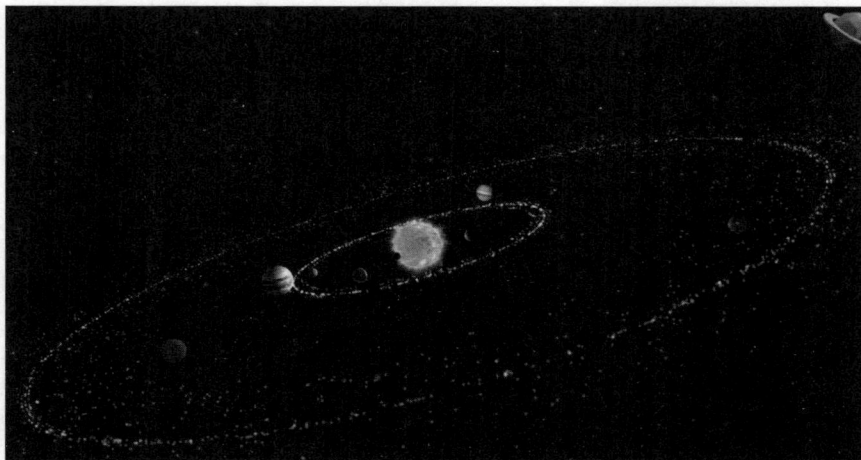

概念：第一步，尽可能充分地搜集事实材料。第二步，对材料进行整理。用"立表法"对它们进行排列，即具有表用以罗列具有被研究性质的实例；缺乏表用以罗列不出现被研究性质的实例；程度表用以罗列被研究性质出现变化的实例。第三步，排斥法。排除掉表上罗列的实例中的不相干因素，剩下的唯一因素被断定为被研究性质的形式即原因。第四步，归纳。发现罗列实例中本质的、共同的、必然的东西。

起源：科学归纳法是弗朗西斯·培根在亚里士多德三段论基础上提出的认识自然的新工具，是近代归纳逻辑的主要代表。

案例：科学归纳法在实际生活中应用广泛，例如在我们买葡萄的时候就用了归纳法，购买时往往先尝一尝，如果试吃几个很甜，就归纳出这一串所有的葡萄都很甜的，放心购买。

启示：培根的科学方法观以实验定性和归纳为主。他继承和发展了古代关于物质是万物本源的思想，认为世界是由物质构成的，物质具有运动的特性，运动是物质的属性。培根从唯物论立场出发，指出科学的任务在于认识自然界及其规律。但受时代的局限，他的世界观还具有朴素唯物论和形而上学的特点？并且培根思想观仍然属于世界的最前端，这使得他在哲学方面有一定的基础性。

9. 囚徒困境

概念：囚徒困境（prisoner's dilemma）是指两个被捕的囚徒之间的一种特殊博弈，说明为什么甚至在合作对双方都有利时，保持合作也是困难的。

起源：1950年，担任斯坦福大学客座教授的数学家图克，为了更形象地说明博弈过程，他用两个犯罪嫌疑人的故事构造了一个博弈模型，即囚徒困境模型：两个嫌疑犯作案后被警察抓住，分别关在不同的屋子里接受审讯。警察知道两人有罪，但缺乏足够的证据。警察告诉每个人：如果两人都抵赖，各判刑一年；如果两人都坦白，各判八年；如果两人中一个坦白而另一个抵赖，坦白的放出去，抵赖的判十年。于是，每个囚徒都面临两种选择：坦白或抵赖。然而，不管同伙选择什么，每个囚徒的最优选择是坦白：如果同伙抵赖、自己坦白的话放出去，抵赖的话判十年，坦白比不坦白好；如果同伙坦白、自己坦白的话判八年，比起抵赖的判十年，坦白还是比抵赖的好。结果，两个嫌疑犯都选择坦白，各判刑八年。如果两人都抵赖，各判一年，显然这个结果好。囚徒困境所反映出的深刻问题是，人类的个人理性有时能导致集体的非理性，聪明的人类会因自己的聪明而作茧自缚，或者损害集体的利益。

案例：李德裕是晚唐时期著名的政治家，曾两度为相。唐敬宗时，李德裕任浙西观察使。在浙西期间，曾经处理了一桩棘手的案子。

当地甘露寺的主事僧状告前主事私吞寺里的钱若干。这位主事不仅拿出了交割文书为凭，还有一帮子僧人为其作证。前主事僧大呼冤枉，却又拿不出被冤枉的证据。案子到了李德裕之手，李德裕便觉得可疑。

有人私下告诉李德裕说，那些交割文书是假的，其实并没有什么金子被私吞了，只是众僧不满前主事僧，故而串通一气诬陷他罢了，只是这个案子被他们搞得人证俱全，要想为前主事僧申冤很困难。李德裕听后说，要搞清楚是否串通一气搞诬陷，是很容易的。

李德裕把作证的僧人全部叫来，问他们是不是都看见交给前主事僧的金子了？众僧回答说都看见了。李德裕便将他们一个个分开，然后交给人一些软黄泥，让他们捏出给前主事僧的金子模样来。

这些僧人事先谁也没有想到李德裕会亮出这么一手。于是，众作证的僧人捏出的金块模样自然不可能是一个样子，而是什么样子的都有，他们串通一气作伪证诬陷前主事僧的事，也就水落石出了。

启示：囚徒们虽然彼此合作，坚不吐实，可为全体带来最佳利益，但在信息不明的情况下，出卖同伙却可为自己带来利益。

10. 斗鸡博弈

概念：斗鸡博弈，又称为懦夫博弈。斗鸡博弈描述的是两个强者在对抗冲突的时候，如何能让自己占据优势，力争得到最大收益，确保损失最小。

起源：两只实力相当的斗鸡狭路相逢，每只斗鸡都有两个行动选择：一是退下来，一是进攻。如果斗鸡甲退下来，而斗鸡乙没有退下来，那么乙获得胜利，甲就很丢面子；如果对方也退下来，双方则打个平手；如果甲没退下来，而乙退下来，甲则胜利，乙则失败；如果两者都前进，则两败俱伤。

案例：王老板在居民区开了一家烧烤店，生意兴隆。姓李的老板看到商机，也在离王老板的铺子不远的地方开了一家烧烤店。这样一来，李老板的生意虽然没有王老板的好，但也算不错，他高兴得整天合不拢嘴，只夸自己眼光好。但王老板可不乐意了，李老板一来，他的生意少了三四成，于是，他暗地里造谣说李老板的店卫生不合标准。李老板的店受了谣言的影响，赢利大幅下滑，于是也"礼尚往来"，匿名举报王老板使用死猪肉。如此一来，两家斗得火热，明面上降价揽客，暗地里作恶使坏，都想把对方挤垮。居民区的小店，来的一般都是熟客，见他们如此闹腾，大家心里都不踏实，都以为店里的东西真的不干净，不肯再来光顾。于是两家的生意都冷清了下来，两人才幡然悔悟。后来，两人达成协议，王老板补偿了李老板一笔钱，让他把店面重新整饬一下，改为经营麻辣烫。两人不打不相识，经常光顾对方店里来为对方辟谣，加上两人经营的烧烤和麻辣烫确实味道好、份量足，两家店的口碑和生意又渐渐好了起来。

启示：在这个充满竞争的社会，我们难免会遇到一些利益之争。进一步刀山火海，退一步海阔天空，无关紧要处，让他三尺又何妨。真到了事关重大，不能轻言退避的时候，也不能一味鲁莽猛进，要学会换位思考，通过协商来避免出现两败俱伤的局面。

11. 弗洛斯特法则

概念：要筑一堵墙，首先就要明晰筑墙的范围，把那些真正属于自己的东西圈进来，把那些不属于自己的东西圈出去。

起源： 美国思想家 W.P. 弗洛斯特。

案例： 弗纳斯与很多企业不同，它不是通过扩大企业规模或是延长企业战线来应付竞争，求得生存。它没有在主要软饮料细分市场与较大的企业直接较量，而是在市场中"见缝插针"，做自己最擅长做的买卖。它集中力量满足弗纳斯忠实饮用者的特殊需要。弗纳斯明白它永远不可能真正挑战可口可乐以获得软饮料市场较大的占有率。但它同样明白可口可乐也永远不可能创造另一种弗纳斯姜汁酒。只要弗纳斯继续满足这些特殊顾客，它就能获得一个虽小但能获利的市场份额。

而且，对这个市场中的"小"是绝对不能嗤之以鼻的，因为1％的市场占有率就等于5亿美元的零售额。因此，通过抓住难得的市场机会，选择适合自己的市场位置，弗纳斯在软饮料巨人的阴影下茁壮成长。

启示： 做任何事情之前，都要有一个清晰的界定：什么能做，什么不能做；接受什么，拒绝什么……做人如此，做企业也是如此。我们一定要清楚我们适合做什么，不适合做什么。要是盲目跟风，轻则会竹篮打水，重则会全军覆没。

12. 白德巴定理

概念： 能管住自己的舌头是最好的美德，而善于约束自己嘴巴的人，会在行动上得到最大的自由。

起源： 印度古代哲学家白德巴。

案例： 松下幸之助认为，高明的人善于欣赏别人的所作所为，懂得管好自己的舌头，而不是去挑剔、斥责下属的缺点。

他说："经营者或经营干部，绝不能自炫才能智慧，要知道个人的才能、智慧是有限度的。根据我多年的经验，有些人喜欢赞扬部属的优点，有些人喜欢挑剔缺点，比较之下，往往前者的工作推行都较顺利，业绩也不会太差。那些爱挑剔毛病的上司结果正好相反。所以唯有懂得欣赏别人的长处，才能领导更多的人。当然，我不是说只注意部属的优点，而忽略他的缺点。应该适度地指出其缺点，从四分缺点、六分优点的角度去观察，这样才是一个懂得欣赏部属的上司。应该假定每个人都有60%的优点，40%的缺点。如果反过来，假定部下有60%的缺点，而只有40%的优点，这个人显然不是个好上司。起用某个人，只有充分信任他的时候，他才会一心一意为企业卖命。如果总觉得员工这里不行，那里不行，以鸡蛋里挑骨头的态度来观察部属，不但部属不好做事，久而久之，他会发现周围没有一个可用的人了。所以，当他想要派任务时，一定觉得不放心而犹豫不决。"

松下电器有一个传统就是不唯命是从。松下说："员工不应该因为上级命令了，或希望大家如何做，就盲目附和，唯命是从。"他认为，下属或员工完全这样做了，就会使公司的经营失去弹性。

启示：善于约束自己嘴巴的人，会在行动上得到最大自由。

13. 主观唯心主义

概念：其提出某主体的心灵，如其感觉、经验、意识、观念和或意志等是世界中事物产生和存在的根源与基础，而外部世界中的一切事物则是由这些主观精神所派生的，这些主观精神的显现。

起源：中国陆九渊心学的"吾心即是宇宙"，英国贝克莱的"存在就是被感知""物是观念的集合"等观点，即是有代表性的、典型的主观唯心主义。

案例：我们每个人都会产生幻觉，而这个幻觉就属于我们的主观意识，仅存在于产生幻觉的一个意识世界中。而海市蜃楼很多人都可以看到，所处角度不同，有的人会看到，有的人不会看到，因此其属于存在于多个意识世界中的意识体，而物质属于所有意识的共性所产生。

启示：主观唯心主义的观点是主观意识是宇宙的本源，而这个主观意识并不只是某个个人。花花草草，世界众生都是主观意识。从而主观唯心主义认为客观世界是所有意识世界的共性所在。

主观唯心主义承认人的主观的能动作用，和实用主义以及每个意识体或意识世界都有互相影响的作用——唯我主义者说人能够任意地"涂抹""装扮"客观存在，任意地"制造"客观存在的变化发展，这种思维与主观唯心主义是根本不同的。首先是前提不同，其认为精神是第一性的，物质是第二性的，只是依赖于主观意识而存在，这是主观唯心主义承认人的主观的能动作用的前提，而唯我主义却相反。人的行为、行动，所思所想，万物的变化等都是通过人这个物质随意决定和支配的。

14. 迪斯忠告

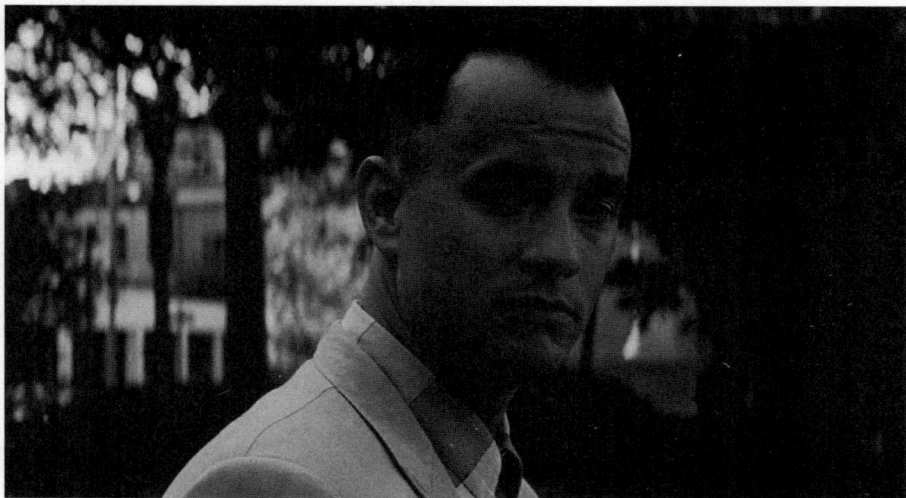

概念：昨天过去了，今天只做今天的事，明天的事暂时不管。关键是要把握好现在。这被称为迪斯忠告。

起源：美国作家迪斯。

案例：阿甘是个智商只有75的低能儿。但是在母亲的关怀和鼓励下，他很早就走出了自卑的阴影，而是执著地把握着每天的生活。当在学校里面遭到了同学的欺侮时，他用奔跑来对付他们。而正是这种奔跑，使他顺利地跑进了一所学校的橄榄球场。在橄榄球赛中，他从不想自己是个低能儿，而只管在每场球赛中用最快的步子甩掉对手，这种执著把他送进了大学，并成为了大学的橄榄球巨星，受到了肯尼迪总统的接见。

在入伍去了越南的战场后，阿甘不管别人对战争有多么的仇视，他只认为自己应该做好的就是今天的事，因而对国内的高昂反战情绪毫不理会。同样，执著又成就了他，他作为英雄受到了约翰逊总统的接见。

启示：唯有今天属于我们，把握好今天，我们才拥有一个真实的自己。充分占有和利用好每一个今天，我们才能挣脱昨天的痛苦，踏平一路的坎坷，耕耘今天的希望，收获明天的喜悦。

15. 烛火中的哲学

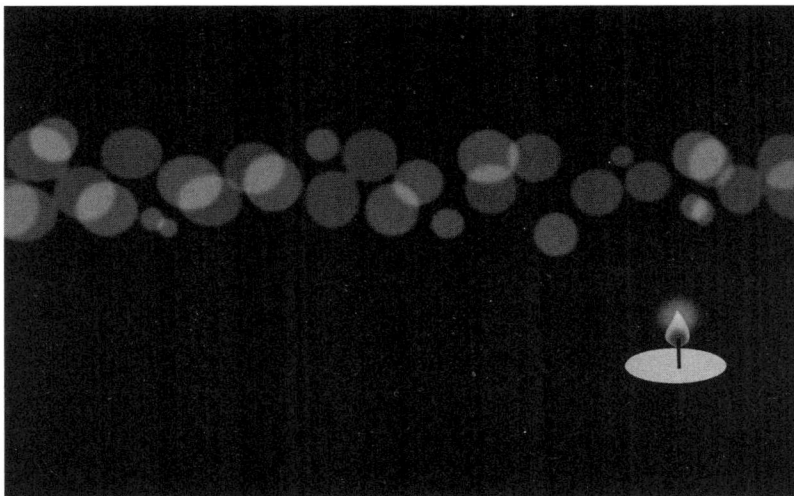

概念：在西汉末年，有一位非常著名的学者桓谭，一次他去拜访他的朋友杜房。杜房此时正在认真地研读《老子》，正在为老子的养生之道而百思不得其解。桓谭的到来使他非常高兴，等桓谭进屋后，他就迫不及待地向桓谭请教道："按着他那一套恬淡无为的养生方法，老子活了好几百岁，如果现代的人也遵照他的方法养生，是不是也能够长生不老呢？"

桓谭答道："人的精神和肉体的关系，如同蜡烛和火的关系一样，如果注意调养，应该在一定程度上有所延续。人的衰老亦是如此，牙齿会掉，头发会白，肌肉会慢慢地枯干，就算是有良好的精神也无法使他重新变得润泽，最终必然会死。"回家后，桓谭对这个问题又进行了深刻的思考。

很快，桓谭关于长寿与养生之间的言论就在社会上流传开来，一些对桓谭的观点持不同意见的人纷纷前来和他辩论。

一位叫做刘伯师的学者深夜来访，他和桓谭点着灯对坐而谈。那时，只见灯盏内的油就要干了，心也逐渐的枯了，火马上就要熄灭，桓谭指着灯对刘伯师说："人死的时候就如同这灯枯油尽一样。"

刘伯师说："灯油干了，还可以添加，但是，人一旦老了，就要死了，无论怎样都无法使他回复青春的。"

桓谭笑着说："那是肯定的，但是灯油干了，灯芯枯了，给灯添油或换烛不是靠灯烛自身，而是由人去完成的。而人的生死完全是一种自然状态，他怎么可以给自己变换形体呢？人的形神是相互依赖的，善于安神养生，能够使人长寿，但到了最后枯萎的时候，最终是要走向死亡。"

16. 天人合一

概念： "天人合一"是北宋著名思想家张载在批判佛教的过程中提出的思想观念。张载认为佛教的虚无观、超脱观和轮回观都是错误的。在佛家看来，天地万物都是虚妄的、梦幻的，而张载认为都是实在的。

张载的天人合一思想的主要观点是：天和人都是实在的，天与人的用处是统一的；天和人都以变化为本性。张载所说的天是指无限的客观世界。张载用天人合一的观点来解释《中庸》的诚明说，他认为，如果不承认人的作用就是天的作用，就不是诚；如果不承认知天与知人的统一性，就不是明。诚明就是肯定天道与人性的同一性。即人道与天道因诚明而融为一体，最终达到天人合一的境界。

在人性论上，张载提出了"天地之性"与"气质之性"的说法，"天地之性"即人的本性、天性；"气质之性"指的是人对物欲的渴望：张载认为"陛于人无不善"，就是说人的本性是善的，而"气质之性"则是善恶相混的，要想重归"人性之善"，必须经过人后天的道德修养才能完成。所以他主张"穷理尽性"，以完成人道，实现天道，最终达到"天人合一"。

17. 格物致知

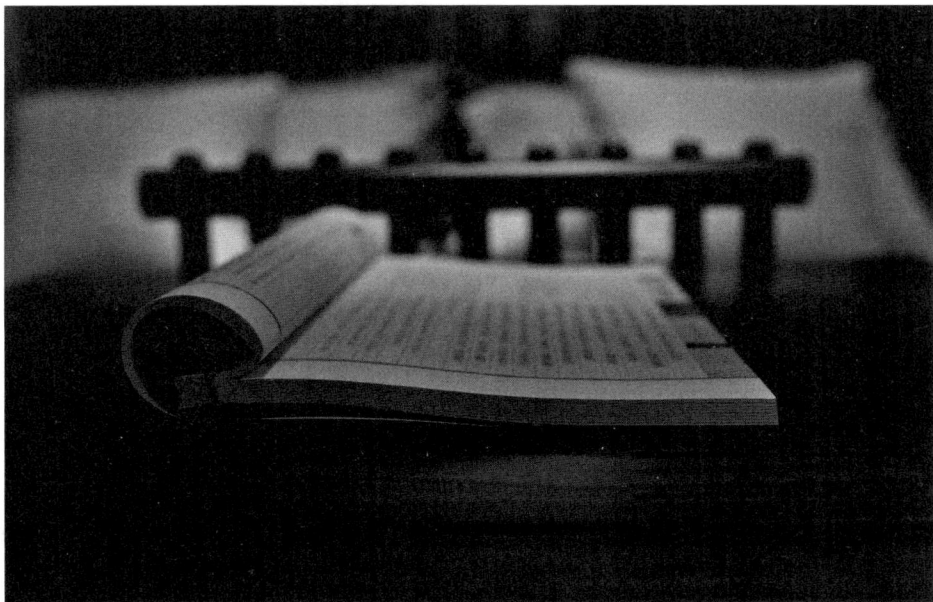

概念：格物致知的原意是考察事物，获得知识，也是《大学》一书所提出的儒者求学八阶段的初始两个阶段。

从宋代理学家程颐开始，把格物致知作为认识的重要问题来对待。程颐认为格物就是就物而穷其理，格物的途径主要是读书讨论、应事接物之类。他认为格物致知的过程是一个体会、领悟所固有的理的过程。

朱熹在程颐思想基础上，通过为《大学》作格物致知补传，提出了系统的认识论及其方法。他以"人心之灵莫不有知"为认识主体，以"天下之物莫不有理"为认识客体，认为联结认识主体和认识客体的方法，就是格物致知。

朱熹所说的物，包括自然界的事物，但主要是社会事物，包括读书和待人接物。比如考察如何孝顺父母，如何忠诚于君主等。

18. 多米诺效应

概念： 在一个相互联系的系统中，一个很小的初始能量就可能产生一系列的连锁反应，人们把这种现象称为"多米诺骨牌效应"或"多米诺效应"。

起源： 提出多米诺骨牌效应，还要从宋朝开始说起。

宋宣宗二年（公元1120年），民间出现了一种名叫"骨牌"的游戏。这种骨牌游戏在宋高宗时传入宫中，随后迅速在全国盛行。当时的骨牌多由畜牧动物的牙骨制成，所以骨牌又有"牙牌"之称，民间则称之为"牌九"寓意"牌救"，牌里面所蕴含的哲理，足以拯救苍生以及拯救和提醒人类停止那些冲动的做法。

1849年8月16日，一位名叫多米诺的意大利传教士把这种骨牌带回了米兰。作为最珍贵的礼物，他把骨牌送给了小女儿。多米诺为了让更多的人玩上骨牌，制作了大量的木制牌，并发明了各种的玩法。不久，木制牌就迅速地在意大利及整个欧洲传播，骨牌游戏成了欧洲人的一项高雅运动。

后来，人们为了感谢多米诺给他们带来这么好的一项运动，就把这种骨牌游戏命名为"多米诺"。到19世纪，多米诺已经成为世界性的运动。在非奥运项目中，它是知名度最高、参加人数最多、扩展地域最广的体育运动。

案例： 楚国有个边境城邑叫卑梁，那里的姑娘和吴国边境城邑的姑娘同在边境上采桑叶，她们在做游戏时，吴国的姑娘不小心踩伤了卑梁的姑娘。冲动的卑梁人带着受伤的姑娘去责备吴国人。不分青红皂白的吴国人出言不恭，冲动加气愤让卑梁的人十分恼火，杀死吴人走了。矛盾开始升级，吴国人去卑梁报复，又不分青红皂白的把那个卑梁人全家都杀了。卑梁的守邑大夫大怒，说："吴国人怎么敢攻打我的城邑？"于是发兵反击吴人，把当地的吴人老幼全都杀死了。吴王夷昧听到这件事后很生气，派人领兵入侵楚国的边境城邑，攻占夷以后才离去。吴国和楚国因此发生了大规模的冲突。吴国公子光又率领军队在鸡父和楚国人交战，打败楚军，俘获了楚军的主帅潘子臣、小帷子以及陈国的大夫夏啮，又接着攻打郢都，俘虏了楚平王的夫人回国。从做游戏踩伤脚，一直到两国爆发大规模的战争，直到吴军攻入郢都，中间一系列的演变过程，似乎有一种无形的力量把事件一步步无可挽回地推入不可收拾的境地。这种现象，我们称之为多米诺骨牌效应。

　　启示： 一个最小的力量能够引起的或许只是察觉不到的渐变，但是它所引发的却可能是翻天覆地的变化。这有点类似于蝴蝶效应，但是比蝴蝶效应更注重过程的发展与变化。

19. 君子重义，小人重利

　　概念： 是儒学关于正义和利益关系的理论。

　　孟子首先集中论述了这个问题，他劝告梁惠王不要追求怎样对自己有利，而要追求仁义。因为作为君主而去追求利益，臣子和百姓就会照此办事，全国上下都追求自己的利益，必然发生争夺，那样君主的地位就难以保住了。如果追求仁义，大家就会按照仁义的原则，安于自己的地位，臣子们不会想做君主，百姓们也不会发动叛乱，君主的地位就稳固了。因此，追求仁义，才是君主真正的利益。所以此后的儒者都主张应该把追求仁义作为目标，而不应该追求利益。遵循天理去做，不追求利益，利益自然就会到来；听从人欲的指导，追求的利益未必得到，危害就已经到来。

因此，这里说的义，就是仁义，而仁义则是国家和君主的长远利益；利，指暂时的、局部的利益。

20. 无为而治

概念： "无为而治"并不是什么也不做，而是不过多地干预、充分发挥万民的创造力，做到自我实现，走向崇高与辉煌。"无为"不是无所作为，而是不妄作为。因为不违背客观规律，遵循客观规律而为，所以无所不为，就是什么都可以做，只要你遵循道，遵循客观规律。

起源： 出自老子《道德经》。

阐释： 老子提出"无为"的思想，主要是针对政治上的"有为"而言的。在他看来，"有为"的政治措施带来了非常严重的祸害。"天下多忌讳，而民弥贫"、"法令滋彰，盗贼多有"，也就是说，防禁的越多，然而老百姓越加贫困；法令越森严，盗贼越增加。"民之饥，以其上食税之多，是以饥；民之难治，以其上之'有为'，是以难治。"统治者征收大量赋税，造成人民饥饿；统治者越强作妄为，越造成了民众难以管理。

老子对"有为"政治进行了激烈的批评。他说道，大路很平坦，可是君主却偏偏喜欢走斜径。结果朝政腐败了，导致大量的农田荒芜，仓库空虚；但是统治者还骄奢淫逸，穿着锦绣衣服，佩带锋利宝剑，吃着奢侈的饮食，搜刮更多的财货。老子严厉地指责这样的统治者为强盗头子。从客观上来讲，这些是对春秋时期社会场景的确切描述。老子提出统治者应该"无为而无不为"。"无为"指的是统治者在表面上应该少一点欲望，少一点作为，对人民顺其自然，这样做，统治才能得到巩固。

老子"无为而治"政治思想的提出是有其理论依据的。在老子看来，虚无的东西才是最有用的东西。道本身就是空虚而看不见的，而它的作用却是巨大的。

启示：例如车轮，如果没有中间的圆洞，就不能转动了。我们用的茶杯、瓷碗等器皿，如果没有空的地方，就不能装东西。门户如果没有空处，就不能出入。房屋如果没有空处，也不能住人。因此，老子说，无和空才是有用的。我们对待事情，无为正是有所作为。如果人人按照无为的准则去过日子，去做人，国家按照无为的准则去治理，这样就会国泰民安。

21. 祸福兴衰不应该怨天

概念：荀子主张，天人各有其职，即天人相分。

天道属于必然，人道却是有为。荀子首先在阐明天与人、自然与人事各有自己的职分和规律，天有天的运行规律，人有人的活动规律，不能互相代替。"天能生物，不能辨物；地能载人，不能治人。"正因为如此，人们应当自己为其所从事的活动负责。如果他积极努力地做事，天无法阻挠之；但是如果消极怠慢，那么就算是天也不能保佑之。人世间的吉凶灾祥、物质生活的贫富丰歉，主动权完全掌握在人们自己手中。天时等自然条件是相对稳定的东西，而人世却从来就有祸福兴衰，故"怨天"是没有任何意义的。

天人有分并不排斥双方的统一。人是天演而成的，人的自然属性与动物没有任何区别，所以人与自然之间的分别不是表现在与万物的对立上，而是在于对万物的超越上。

荀子说："水火有气而无生，草木有生而无知，禽兽有知而无义，人有气有生是天人合一的方面；但合一又是与有分相并存的，人位于自然进化的最高序列而又区别于其他自然物，人能够凭借其所特有的礼仪法制超越万物。"制天命而用之"突出地表现了人的自由、自觉活动的意义，说明在遵循自然规律的前提下，人有能力驾驭自然。与此相反，"错（措）人而思天，则失万物之情"。抛弃人为而一味顺从天命，才是真正割裂了天人之间的联系和统一。

22. 成功定律

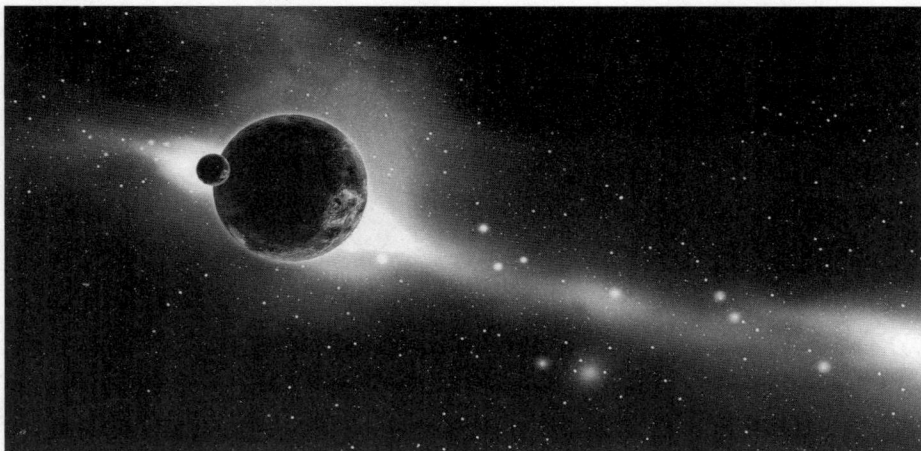

概念：成功定律是指我们每个人对于成功的定义，成功就是达成所设定的目标。

起源：出自黄帝曰"守一"，唐尧曰"惟精惟一"。

案例：成功，对很多人来说，都是很遥远的距离！怎样成功，其实并没有什么秘诀，要想达到成功，我认为首先应该有热情的心，没有热情，就没有兴趣，他不会成功；还要有冷静的头脑，一时的冲动或者说是急于求成往往是阻止成功的因素。

爱因斯坦：成功=$x+y+z$。其中x代表艰苦的努力，y代表方法正确，z代表少说废话。由此可见，成功是需要艰苦努力的。

爱迪生：成功等于99%的汗水加上1%的灵感，但往往1%的灵感比99%的汗水更重要。

季羡林：成功=天资+勤奋+机遇。

启示： 成功其实是一种感觉，可以说是一种积极的感觉，它是每个人达到自己理想之后一种自信的状态和一种满足的感觉！总之，我们每个人对于成功的定义是各不相同的！而到达成功的方法只有一个，那就是先得学会付出常人所不能付出的东西！

23. 零和游戏原理

概念： 零和游戏是指，一项游戏中，游戏者有输有赢，一方所赢正是另一方所输，游戏的总成绩永远为零。

起源： 零和游戏原理源于博弈论。

案例： 扑克是一种零和游戏扑克在朋友之间、在扑克俱乐部、或是锦标赛都可以玩，我们来探讨这些游戏之间的异同。一般来说朋友之间玩扑克是一种典型的零和游戏。无论哪一个人赢，就会有其他的人输，这之间的输赢总和是零。

扑克俱乐部里面玩的就不太一样了，因为俱乐部对赌注总额会收取一个固定比率的费用，比方说是1%，则这将形成负和游戏。也就是输赢的总和小于零（如果加上俱乐部的抽成就为零了）玩家们集合亏损给俱乐部。如果我们定义俱乐部也是这个赌局特殊形态玩家的话，这个赌局又变成了零和游戏。换句话说，我们计算赢家所赢的和输家所输的扣除俱乐部抽成的总和，那又变成一个零和游戏了，扣除了付俱乐部的抽成之后，不管是谁赢，其他人就是输家。

锦标赛中的扑克赌局是由赞助商提供奖品，因此它是一个正和游戏（如果它的奖金超过所有参赛者的报名费的话），若我们计算总奖项的净值，那么扑克仍然是一个零和游戏。扣除了奖项之后，无论是谁赢，其他人都是输。

无论在什么场合玩扑克，这种赌局根本上的特性都存在，它就是一个零和游戏（假设这是一个基准），以这个观点看来，上述三种形态都是相同的，玩家们经常不关心它的基准为何，而持续玩相同的策略。

人们玩扑克要依靠这个基准的理由，撇开技术的差异性，那就是在锦标赛中大部分的玩家是赢家，而俱乐部中大部分的玩家是输家。

启示：人们在社会的方方面面都能发现与"零和游戏"类似的局面，胜利者的光荣后面往往隐藏着失败者的辛酸和苦涩。

24. 蜡块说

概念：亚里士多德在wax theory第2卷第12章总结5种感觉的共同点时说，感觉是感性灵魂的一种机能，它接受的是事物的形式而不是质料，正如蜡块一样，刻有图纹的金属作用于它的时候，它接受的是印纹而不是金属本身。在第3卷第4章讲到理性灵魂的特点时，他又说：从潜能这个角度看，用于思维的灵魂潜在地有知识；但从现实方面看，仅当它正在思维时才现实地有知识，正如一块写字板一样，它可能有文字，但是只有在上面写字的时候，它才现实地有文字。两个比喻基本思想是一致的：灵魂有认识的能力，但自身不会产生知识，感觉和思维都是在外部对象作用下发生的。这个比喻及其所包含的思想，后人称之为蜡块说。

起源：古希腊哲学家亚里士多德认识论中的一个重要观点。

启示："蜡块说"对西方哲学思想的发展产生了积极的意义，其首要意义在于它肯定了人类的知识起源于外部世界。否定了柏拉图的"回忆说"。以后的唯物主义哲学家，例如中亚的伊本·西那、近代的J.洛克，进一步发挥了蜡块说的思想。

25. 双重真理论

概念： 神学的真理在哲学看来不一定是真理，哲学的真理在神学看来也不一定是真理，两种真理均独立存在，互不干涉。

起源： 穆斯林哲学家阿威罗伊的观点。

启示： 这一哲学观点对经院哲学的发展产生了巨大的作用和深远的意义，它不仅深刻地揭示了理性与信仰、哲学与神学之间的区别和矛盾，同早期基督教神学所提出的"真哲学就是真宗教，真宗教就是真哲学"的观点截然对立，而且力图使理性的科学研究摆脱宗教的束缚。这一思想与传统的基督教神学相比，以注重事实、经验、理性著称的亚里士多德哲学显然更有助于人们认识、解释世界，更有利于思想的解放。这个观点的提出无疑在基督教神学的封闭阵地上打开了一个缺口，极大地促进了经院哲学的发展。

26. 相关定律

概念：指世界上的每件事情之间都有一定的联系，没有一件事情是完全独立的。要解决某个难题，最好从其他相关的某个地方入手，而不只是专注在一个困难点上。

起源：哲学认为，万事万物皆有联系，世界上没有孤立存在着的事物。例如，水涨船高，说的是水与船的联系；积云成雨，说的是云与雨的联系；冬去春来，说的是冬季与春季之间的联系……

正是由于事物之间存在这种普遍联系，它们才会相互作用，相互影响。因此，一个问题的解决，往往影响到其周围与之相连的众多事物。这就为我们解决问题带来了很好的启发：在进行创造性思维、寻找最佳思维结论时，可根据其他事物的已知特性，联想到与自己正在寻求的思维结论相似和相关的东西，从而把两者结合起来，达到"以此释彼"的目的。即运用心理学中的相关定律。

案例：美国的铁路两条铁轨之间的标准距离是4.85英尺。人们对于这个很奇怪的标准非常好奇。美国的铁路原先是由英国人建造的，所以采用了英国的铁路标准4.85英尺。

人们又问："英国人又为什么要用这个标准呢？"原来英国的铁路是由建电车的人所设计的，而4.85英尺是电车轨道所用的标准。

那电车的铁轨标准又是从哪里来的呢？原来最先造电车的人以前是造马车的，而他们则是沿用了马车的轮宽标准。

可马车为什么一定要用这个轮距标准呢？因为如果那时候的马车用任何其他

轮距的话，马车的轮子很快会在英国的老路上撞坏的。这又是为什么呢？因为这些路上的辙迹的宽度都是4.85英尺。

那么，这些辙迹又是从何而来的呢？答案是古罗马人所制定的，而4.85英尺正是罗马战车的宽度。

于是又会有人问："为什么会选择罗马战车的宽度呢？"因为在欧洲，包括英国的长途老路，都是由罗马人的军队所铺的，所以，如果任何人用不同的轮宽在这些路上行车的话，轮子的寿命都不会长。

最后，人们还会问："罗马人为什么以4.85英尺为成车的轮距宽度呢？"

原因很简单，这是两匹拉战车的马的屁股的宽度……

启示：由于万事万物无不处于联系之中，我们遇到问题，应学会发散思维，不要总揪住一个点不放，想不通时，不妨找些与问题相关联的事物，从这些相关处着手，利用"以此释彼"的智慧，往往会令你恍然大悟。

27. 权变理论

概念：任何系统的内在要素和外部环境条件都各不相同，不存在适用于任何情景的原则和方法，关键是采取依势而行的应变策略。

案例：中国布鞋曾一度在秘鲁打开销售大门，当地一家公司每月可销售中国布鞋6万多双。不料，秘鲁当局颁布了一项法令：禁止纺织品和鞋子进口。这一突如其来的变化，使中国布鞋在秘鲁的销售大门被关闭了。

陷入困境的中国商人并没有坐以待毙，经过分析，他们发现秘鲁并没有禁止进口制鞋设备及布鞋面。于是，他们转变策略，决定出口制鞋设备和布鞋面，在秘鲁当地加工布鞋。布鞋面既不算成品布鞋，也不属于纺织品，不受禁令制约。

后来，中国布鞋又重新在秘鲁占有了一定的市场份额。

启示： 竞争世界如同一只变色龙，变化的发生有时是没有什么明显的先兆的，我们往往也无法预知，"翻手为云，覆手为雨"，常常让我们措手不及。因此，每走一步棋，我们既要紧跟时机，又要学会思考，以变应变，才能赢得精彩。

28. 大同与小康

概念： 大同与小康是孔子描述的两种社会形态。

起源： 孔子描述大同社会时说，那是美好的时代，令人向往。在那个时代里，人人都把公共利益放在首位，讲究信誉，和他人和睦友好。所以人们不仅对自己的父母和孩子疼爱有加，对别人的父母和孩子也非常关怀。老年人都舒心地安度晚年，壮年的男人和女人都积极地劳作，年幼的孩子能够快乐地成长，失去父母的孤儿，死了配偶的寡妇，丧失儿女的老人和残疾者，都能得到社会的赡养和大家的关怀。男子都明白自己的职责，女子都有自己的归宿。财物不可以随便浪费，因为属于社会共有的，要积极地为社会贡献自己的力量，用不着智慧和谋略，也没人偷盗和抢劫，家家都不用关锁门窗。

但是现在，这样美好的时代逐渐地消失了。现在的人都有了自己的家，他们只是百倍疼爱自己的孩子，努力为了自己占有财富。君主们都把权位传给自己的儿子，他们修建了坚固的城墙和壕沟来保护自己。制定了法则，当做礼仪来规定君臣之间的关系和职责，来巩固父子之间的责任与义务，以此来维系兄弟之间的仁义和夫妻之间的情感。建立了各种规章制度，来区分贫贱和高贵，奖励那些勇敢者和智慧者，为自己建立功勋。就这样，产生了谋略，兴起了战争。大禹、商汤、周文王、周武王、周成王、周公等，他们都是非常优秀的领袖。他们重视礼仪，以礼仪为标准，来考察人们的行为，奖励有功者，惩罚有过者。这样的时代，叫做"小康"。

人们把上古的大同时代作为他们理想的时代，但是他们逐渐明白那样的时代已经一去不复返，所以人们努力实行仁义，以求实现小康的社会。但是，一个不争的事实是，在孔子以后的时代，连小康社会也逐渐不复存在了。

29. 阴阳五行说

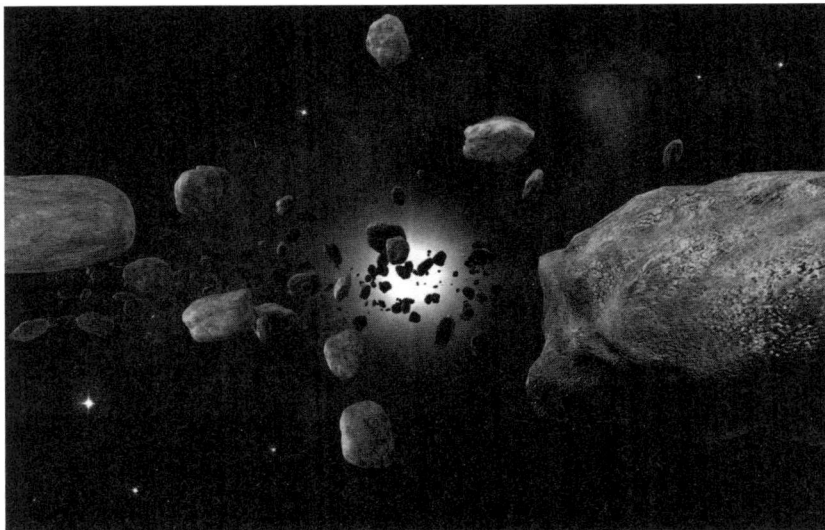

概念： 五行说是讲宇宙构成的元素的，即认为世界万物是由水、火、木、金、土五种物质元素构成的，把土与金、木、水、火杂和起来，才能生成万物。

阴阳，则是对自然状态的一种描述，对世界的一种看法，它是古人在观察天文气象、时节变化的基础上萌发的。《易传》提出"一阴一阳谓之道"的学说，把阴阳交替看做宇宙的根本规律。

起源： 阴阳五行说是中国传统文化的一个特色，对中国古代的学术和日常生活都产生了一定的影响。

后来，古人对各种现象进行抽象概括，以阳代表天、日、昼、暑、刚、强、前、男等，以阴代表地、月、夜、寒、柔、弱、后、女等，认为两种势力相互对立和依赖，是事物固有的属性，是引起事物变化发展的原因。

把阴阳与五行撮合在一起并加以神秘化的，是战国末期的阴阳家，其代表人物为齐国人邹衍。他提出"五德终始说"，把五行的属性称为"五德"，用来附会王朝兴替和社会政治的擅替。

30. 齐物论

概念：这是庄子的认识论。

庄子认为天地万物表面上千差万别，形殊势异，本质上是同一无别、等齐均一的。庄子之所以得出这样的结论，是因为庄子观察事物的角度与常人不同。常人站在人间观人间，所以将事物放大了，将事物与事物之间的差别放大了；庄子则站在宇宙源头观人间，所以将事物缩小了，将事物之间的差别泯灭了。

人是不可能知鱼之乐的，事物是不可认识的，最终得出了不可知论的结论。既然事物是不可认识的，那么人们就没有必要去自找苦吃，耗费精力去追求知识了。所以，他说："吾生也有涯，而知也无涯，以有涯随无涯，殆已。"这就是说，我的生命是有限的，而知识是无限的，以有限的生命去追求无限的知识，那是危险的。如果你一定要去追求无限的知识，就必然使自己陷入无穷的烦恼之中去。

庄子看到了人们认识的局限性，却又把这种局限性片面地夸大了。

31. "爱人"与"兼爱"

概念：儒家重义轻利，墨家统一义利，这是"爱人"说与"兼爱"说的主要区别。儒家"爱人"说主张"爱有差等"，如孔子主张爱有差等，爱自己的父母与爱他人的父母，就有先后、亲疏、厚薄之分。儒家"爱人"侧重于"修己"，启发人们在道德上的自觉。

孔子提出"爱人"说，是为了调整统治阶级内部的关系，调整统治阶级与被统治阶级的关系，从而维持宗法等级制度。

墨家"兼爱"说认为"爱无差等"，墨子主张不分远近、亲疏，他说："视人之国，若视其国；视人之家，若视其家；视人之身，若视其身。"墨家"兼爱"注重"交相利"，强调在行动上、物质上的利人。墨子"兼爱"说反映了平民、小生产者的平均主义理想。

32. 天人之辩

概念：所谓"天人之辩"，是指关于天与人、天道与人道、自然与人之间关系的辩论。

商周时期，人们把天看做至高无上的神，到春秋战国时期，"天人之辩"真正开始得到了广泛而深入的展开。儒家创始人孔子曾对鬼神产生怀疑，但孔子并未因此引导到唯物主义。

道家代表老子主张道法自然，这种尊重客观规律的思想有一定的合理性，但叫人顺从命运则是消极的。孟子则片面夸大理性的功能作用，以为通过思维能"知天"。

老子第一次提出了"道"的哲学学说，用以说明世界万物产生的根源及其运动变化的规律。以"道"为基础，老子又提出了他的朴素辩证思想。老子的哲学思想，在后世大体向两个方向发展。一是庄子将老子的世界观发展成为虚无主义；另一个就是将"道"解释为规律，以"道"为礼、法的思想依据，形成了法家学派。除此之外，老子的思想对后来道教哲学有重大的影响，被道家奉为"教主"。

33. 义利之辩

概念： 所谓"义"，是指一定的行为道德；所谓"利"，是指个人的利益。讨论行为道德与个人利益之间的关系问题，就是"义利之辩"。

孔子提出"君子喻于义，小人喻于利"。认为义利是矛盾的，解决义利的方法是重义轻利。墨家则认为义和利是绝对统一的，不存在任何矛盾。他们不认为存在有利无义或有义无利的现象。孟子认为，追求义是人们行为的唯一目的，而对利的任何关注都有损于人们道德行为的纯洁性和高尚性，所以利是一种有害的念头，必须在思想上加以排除。荀子主张"性恶论"。他认为个人的利欲和社会的道德要求是完全相反的，个人的利欲只能是恶，而应首先规范的是善，所以在义利关系问题上，他认为义利不相容，它们的关系只能是一个战胜另一个的关系。

"义利之辩"是现实生活中义和利既矛盾又统一的关系在思想中的反映。各种不同的观点，体现了先秦各个阶级或阶层的不同的利益和当时社会政治经济发展的水平。不过，这些观点也有相通的地方，即一般都认为，在义利关系中义是主要的，个人利益应该遵循和服从义。可以说，重义轻利是先秦义利之辩的主要倾向。

34. 和同之辩

概念：追求和谐，其中包括追求国家政治中君臣关系的和谐、各派政治力量的和谐，以至整个社会的和谐。一般说来，这是古今中外思想家共同的社会理想。中国古代在孔子以前，当时的政治家和思想家就讨论过和谐问题。他们认为：和，是保持不同因素的相互协调，比如各种调味品调和起来做成美味佳肴，就像不断添加同样的调味品，这样做不出好吃的食物。

用于君臣关系，所谓"和"，也就是在君主说是的时候，臣子就应该指出其中的非；当君主说非的时候，臣子就应该指出其中的是，以补充君主的不足。儒学继承了这样的主张，孔子认为君子采取的态度是和，小人采取的态度是同。

孔子否定"同"，后来的儒者就把如何才能做到"和"作为自己讨论的主题，其中周敦颐认为"和"的前提是秩序，有了秩序才有和谐。秩序的前提是人人安于本分，即君主要安于君主的地位；臣子要安于臣子的地位，不可想做君主；百姓要安于百姓的地位，按时如数地向国家缴纳赋税和担负劳役，而不该有非分之想。只有这样，才有和谐。

周敦颐是我国理学的开山祖，他的理学思想在中国哲学史上起了承前启后的作用。清代学者黄宗羲在他的《宋儒学案》中说道："孔子而后，汉儒止有传经之学，性道微言之绝久矣。元公崛起，二程嗣之……若论阐发心性义理之精微，端数元公之破暗也。"他继承《易传》和部分道家以及道教思想，提出一个简单而有系统的宇宙构成论，说"无极而太极"，"太极"一动一静，产生阴阳万物。"万物生而变化无穷焉，惟人也得其秀而最灵。"圣人又模仿"太极"建立"人极"。"人极"即"诚"，"诚"是"纯粹至善"的"五常之本，百行之源也，是道德的最高境界"。只有通过主静、无欲，才能达到这一境界。在以后七百多年的学术上产生了广泛的影响，他所提出的哲学范畴，如无极、太极、阴阳、五行、动静、性命、善恶等，成为后世理学研究的课题。

35. 己所不欲，勿施于人

概念："己所不欲，勿施于人"，这是孔子所主张的处世原则。

孔子的弟子子贡曾经请教说，有没有这样一个原则，它是我们终生都应该遵守执行的。

孔子说，有的，那就是宽恕。宽恕的意思是说"己所不欲，勿施于人"，也就是说，自己不愿意承受的事情，也不要强加给别人。与这个原则相伴随，孔子主张：自己想要达到的目标，也要帮助别人达到；不愿意别人以某种方式对待自己，自己就首先不要用这种方式对待别人。

孔子曾经对他的学生说过，他的所有主张中贯穿着一个基本原则。学生们都不理解这个原则是什么，只有曾参理解，曾参说，就是忠诚和宽恕。"己所不欲，勿施于人"，就是宽恕原则的表现之一。

孔子认为这个原则是实行仁义的重要途径。如果每个人都从这里入手，就有可能成为一个具有仁义道德的人。这个原则发展到近代，就是要设身处地地替别人着想。一个人要办什么事，首先要想一想，假如自己处在这样的地位，将会怎么做？这样思考问题，就可能使问题得到比较正确的处理。因而，儒学提倡的这个原则在今天仍有它的生命力。

36. 杀身成仁，舍生取义

概念： "杀身成仁，舍生取义"，这是儒学所主张的基本道德准则。意思是说，宁愿牺牲自己的生命，也要成就自己的仁德；宁愿抛弃自己的生命，也要保全正义。

"杀身成仁"出自《论语》，意思是说，有志向和有仁德的人，没有为了自己能够活下去而损害仁义道德的，但有为了成就仁义道德而牺牲自己的生命的。

"舍生取义"的原话出自《孟子》，意思是说，生命，是我想保存的；正义，也是我想保存的。在二者不可同时保全的情况下，那么，我就舍弃生命保全正义。因为生命虽然宝贵，是我所愿意保存的东西，但是我不能不顾及原则，仅仅为了保存自己的生命；死亡，是我所讨厌的，但是还有比死亡更让我讨厌的东西，这时候，我就不逃避危险，而宁可选择死亡。

孔子和孟子所提倡的这样的道德原则，曾经鼓励了许多有志向的人们，为了自己的事业、民族和国家，保持自己的人格，不向恶势力低头。这也是中国传统文化中的优秀成分，是中华民族宝贵的民族精神。

但是，要成仁，要取义，首先要明白什么是仁义。所以宋代儒者就特别强调，在一切行动之前，要先认识仁，先认识义。不然，自己就可能为了一个没有价值的东西牺牲自己的生命，成为后人的笑料。儒学在仁义礼原则之后，要加上智，就是要求人们，要具有辨别是非善恶的能力，才能很好地遵守儒学的道德原则。

37. 劳心与劳力

　　概念： 孟子在周游列国的时候，曾经与代表个体农业小生产者的许行进行过一次辩论。

　　许行极力主张"贤者与民并耕而食"，要求君王和百姓一起干活，一起劳作，才可以获得粮食。而且还要自己动手做饭吃，同时还要治理国家。他还强调要实行实物交易，物品在数量上、重量上相等的，交易的价格也一定要相等。许行的这些思想反映了小生产者反对统治者不劳而获的剥削行为，有它的进步性，但他从平均和否定分工的角度来提出解决阶级对立的矛盾，是不符合当时历史发展规律的，它反映了小生产者思想的局限性。

　　孟子指出了许行这一局限性，他从社会分工在一定历史阶段的合理性出发，把分工看做社会发展的必然结果。他认为从政治和经济地位看，人生来就分为"君子"和"小人"，也就是"劳心者"和"劳力者"，用今天的话说就是"体力劳动者"和"脑力劳动者"。他说："无君子莫治野人，无野人莫养君子。""或劳心，或劳力。劳心者治人，劳力者治于人。治于人者食人，治人者食于人，天下之通义也。"这就是说，"君子""劳心者"，生来就是统治"小人""劳力者"的，他们是受供养的；而"小人""劳力者"，则生来就是应该被统治、被剥削的，他们的任务就是供养"君子""劳心者"。

　　孟子强调指出，这种生来就决定的统治者与被统治者的明确的等级关系，正是社会分工需要，是天下共同的道理，是绝对不可以更改的。

　　这就是孟子有名的关于"劳心与劳力"的论辩。当然，从社会发展的角度来讲，孟子的主张在特定的社会环境下只具有相对的合理性。

38. 墨子的"乌托邦"

概念： 墨子说，在上古时代，还没有国家的时候，一个人有一种意见，十个人就有十种意见，人越多意见越杂，由于互不服从，必然引起争端，甚至互相残杀。这样，人类就会重新沦为禽兽。后来人们渐渐明白，这一切混乱和杀戮是因为没有一个公认的领袖的缘故，于是便推选出天下最贤明的人，让他来管理社会，逐渐演变为后来的天子。天子需要辅佐，于是，人们便选择贤明的人立为三公，以便在天子处理问题的时候给予建议。因为国家版图太过辽阔，远方不易直接进行管理，因而将一部分疆域划分，赐予诸侯。就这样，诸侯选立乡长，乡长选立里长，建立起整齐完备的官制系统。从里长到天子，在他们各自统辖的范围内都是最有仁德的人。

官吏齐备之后，天子就向百姓发布命令说：如果听到了好或者不好的言行，都告诉上级；上级赞同的百姓一定要赞同，上级反对的百姓一定要反对；劝谏上级的过失，表扬下面的好事；绝对同官吏保持一致，不私自勾结对抗上级，对于严格遵守的人，上级要给予奖赏，百姓要称赞。要不然的话，上级要严厉处罚，百姓要强烈的指责。建立了这个赏罚制度后，各级官吏都要认真贯彻执行。里长要统一自己管辖区域内百姓的思想，然后率领他的百姓，效法乡长的"善言善行"，听从乡长的命令；乡长要统一一乡里百姓的思想，听从国君的命令；国君要统一全国的思想，听从天子的命令。最后由天子"一同天下之义"。这样，整个天下就像一个家庭一样，秩序井然，有条不紊。

这就是墨子的"尚同"思想。

墨子认为大家不但要听从天子的号令，而且还必须顺从天的意志。要不然的话，天就要发怒，用凄风苦雨等自然灾害来惩罚人们。墨子认为上天的意思是要让人互爱互利的。所以，他所提倡的"尚同"，实际上就是要所有的人都来信仰"兼爱"、"非攻"的学说。

墨子以"尚贤"作为"尚同"的基础，他认为只要思想统一于仁义，那么天下就会在仁义的基础上实现"大同"。"尚同"的思想里包含着对当时社会的不满，墨子批评了当时执政者不能任人唯贤，各级官吏并不是那些德才兼备的人，结果，使民众对官吏以及政府的失望，这样，导致了民心涣散。从这个角度上来说，墨子所提倡的"尚贤"的原则还是有一定的进步性的。

39. 感觉论

概念：又称"感觉主义"。强调感觉是认识的唯一来源的学说，是认识论的一种。与经验论有密切联系，有时作为经验论的同义语。由于对感觉的解释不同，又分为唯物主义感觉论和唯心主义感觉论。前者从物质第一性、意识第二性的观点出发，承认感觉内容来自客观的外部事物，是外部事物作用于人的感觉器官的结果，它在唯物主义哲学发展中起过重要作用，但由于它轻视认识的理性阶段，因而又表现出相当的局限性。后者否认感觉来自客观的外部事物，认为感觉是主观自生的东西，感觉之外没有别的什么存在或怀疑有什么客观的外部事物的存在。

起源：感觉论的思想在西方哲学史上有久远的历史。古希腊哲学家德谟克利特、普罗泰戈拉和亚里士多德等人曾提出感觉是认识的开端和起源的观点。中世纪哲学家中曾流行"凡是在理智中的，没有不是已经先在感觉中的"这一感觉论原则。

17世纪以来，随着近代科学的兴起和发展，经验观察和科学实验在人类认识中的作用和意义日益重要，F.培根、T.霍布斯在唯物主义立场上强调人类认识起源于感觉和经验，J.洛克对此进行了系统的论证。洛克批判天赋观念论，提出白板说，论证了"白板"一样的心灵如何在感觉、反省等感性经验的基础上发展出复杂的观念和系统的知识。

18世纪法国哲学家C.A.爱尔维修、P.H.D.霍尔巴赫等人沿着唯物主义方向进一步继承和发展了洛克的感觉论。而G.巴克莱和D.休谟则歪曲感觉的本性，把感觉论引向主观唯心主义和不可知论。巴克莱认为感觉依存于精神实体，世界上一切事物都是感觉观念的集合，感觉是构成世界的唯一实在。休谟不仅把印象即感觉，当成人类认识的出发点，而且把它说成是人类认识的唯一对象，认为人类绝不能越过感官印象而认识它之外的任何事物，印象之外是否有作为其源泉的客观实在是不可知的。

19世纪以后，唯心主义的感觉论在实证主义、逻辑实证主义、实用主义、新实在论等哲学流派中得到继承。

40. 爱的宗教

概念：德国费尔巴哈主张把人对人的爱作为宗教信仰和实践的最高原则的哲学学说。

他试图用"爱的宗教"去代替信仰上帝的宗教，用对人的爱去代替对上帝的爱。认为在爱中可以找到人的感情的满足，解开自己生命之谜，达到生命的终极目的，从而获得那些基督教徒在爱之外的信仰中所寻求的东西。又认为爱是人的本质的一个方面。人要自我保存首先要爱对自己生存有利的东西，爱使自己幸福的东西。自爱是爱的基础。但爱还包括对他人的爱，这是包含在人性之中的起源的爱，人心中天生就有一种把人与人联系起来的爱的感情。只有对他人的爱，才能实现自爱。只有把这种爱的关系提高到宗教的高度，才会有道德上的意义。

第五章

自然科学定律

1. 万有引力定律

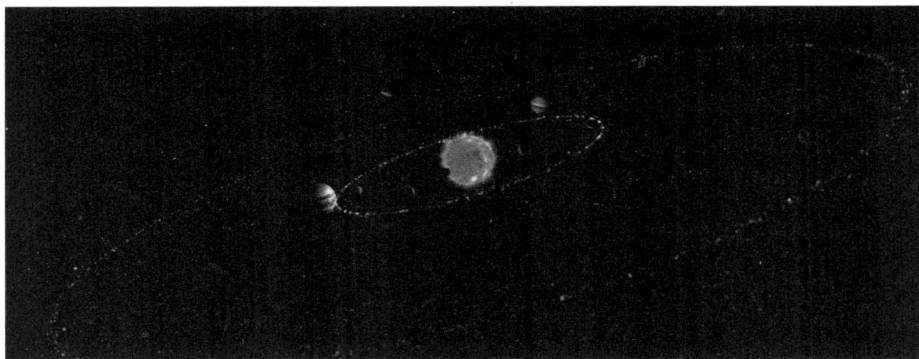

概念：任意两个质点有通过连心线方向上的力相互吸引。该引力大小与它们质量的乘积成正比与它们距离的平方成反比，与两物体的化学组成和其间介质种类无关。

起源：在牛顿没有思考为什么苹果会落地之前，开普勒、胡克、雷恩、哈雷对万有引力已经有所研究。后来，牛顿在他们的基础上，凭借着自己超凡的数学能力，对万有引力定律进行了系统的证明，然后在自己的书籍《自然哲学的数学原理》上公开发表。

案例：万有引力在日常生活中的应用也比较广泛，对日常生活也会造成一些影响，可以指导我们解决一些实际问题。例如：当火车开过来的时候，为什么不能离火车太近？这是因为当火车开过来的时候，如果身体离火车太近，火车通过的火车越快，从我们身边带走的空气越多，当身体周围的空气越来越少时，气压的差距会越来越大，身体向火车方向的动力越大，就会不由自主地向火车倾斜，危险也就会越来越大。又如：汽车在行驶过程中，陷入泥泞当中时，为什么要用草袋子和石块铺在车轮下面呢？这是因为汽车陷入泥潭时，车轮在转动过程中，无法与地面产生大量的接触，与地面的摩擦力减少，此时，车轮做圆周运动时离心力大于向心力，汽车无法正常行驶。当铺上草袋子和石块之后，车轮与地面的接触面增大，所产生的摩擦力增大，则车轮所做的圆周运动就能带动汽车正常行驶。

启示：万有引力定律的发现，将地面上物体运动的规律和天体运动的规律统一了起来，对以后的物理学和天文学的发展也具有深远的影响。它不但揭示了天体运动的规律，而且为实际的天文观测提供了一套可靠的计算方法。我们只凭少数的观测资料，在万有引力定律的辅助下，就可以准确地计算出长周期运行的天体运动轨道。如哈雷彗星、天王星等行星的发现，都和万有引力定律的实际应用有关。

在天体运动中起着决定性作用的万有引力定律（Law of Universal Gravitation）对人类智慧影响至为深远。它的发现使牛顿的经典力学走向了巅峰。万有引力定律清楚地向人们揭示了复杂运动的背后隐藏着简洁的科学规律，它把地面上的苹果落地和天空中日月星辰的运转现象统一了起来。它在人类开拓太空的过程中起着举足轻重的作用，海王星的发现，哈雷彗星的周期性回归，人类登上月球和空间探测器探索外星等，万有引力定律都是这些天文学和空间技术的基础。这是人类第一次揭示了自然界中一种基本相互作用的规律。万有引力的发现，在文化发展史上也有重要的意义。在牛顿时代以前，人们认为天体的运动隐藏着不可认识的规律，而牛顿的出色工作使人们建立了信心：人类有能力理解天地间的各种事物。这种信心解放了人们的思想，在科学文化的发展上起到了积极的推动作用。

牛顿的万有引力定律是所有科学中最实用的定律之一，它首次将摩擦力、电力、重力和人力等准确地归结到一起，因为所有这些力都是由万有引力引起的。

2. 能量守恒定律

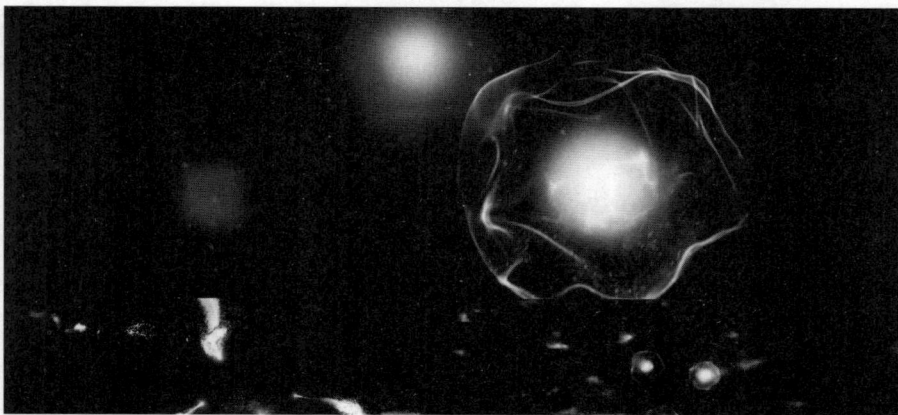

概念：能量守恒定律（energy conservation law），即热力学第一定律：一个系统的总能量的改变只能等于传入或者传出该系统的能量的多少。总能量为系统的机械能、热能及除热能以外的任何内能形式的总和。

起源：热力学第一定律的思想最初是由德国物理学家J. 迈尔在实验的基础上于1842年提出来的。在此之后，英国物理学家J. 焦耳做了大量实验，用各种不同方法求热功当量，所得的结果都是一致的。也就是说，热和功之间有一定的转换关系。以后经过精确实验测定得知1卡=4.184焦。1847年德意志科学家H. 亥姆霍兹对热力学第一定律进行了严格的数学描述并明确指出："能量守恒定律是普遍适用于一切自然现象的基本规律之一。"到了1850年，在科学界已经得到公认。

案例：我们常利用的能源有木柴、煤炭、石油等，我们将这些能源通过燃烧将热能转化为电能、化学能、机械能等等，但是随着传统能源的大量开发和利用，生态环境面临着严重挑战，遭到了破坏与污染，逐渐影响着人类的生活。由此可见，开发新能源势在必行，如今我国已经开始探索开发新能源，如利用太阳能的太阳能路灯，利用水能的三峡水电站，利用风能的新疆达坂风力发电厂，利用核能的深圳大亚湾核电站的建立，还有可利用的地热能、海洋能、潮汐能等。新能源的开发正是人们认识到能量守恒，将一种清洁能量转化为另一种能量，实现能量转化，达到利用新能源的目的。

启示：不管是在地球还是宇宙，在时间平移不变的前提下，只要有能量转化，就一定服从能量守恒定律。它在我们的日常生活、科学研究和工程技术等方面，都发挥着非常重要的作用。它既是一种普遍的科学规律，又是我们认识自然和利用自然的有力武器。

3. 阿基米德定律

概念：也称浮力定律。浸入静止流体（气体或液体）中的物体受到一个浮力，其大小等于该物体所排开的流体重量，方向竖直向上并通过所排开流体的形心。

起源：相传古希腊的赫农王曾经让一位工匠做了一顶纯金的王冠，但是他并不知道这顶金王冠到底是不是纯金的，是否被工匠掺了假呢？于是，他就叫阿基米德来想办法，在不损害王冠的情况下检查出金王冠里是否掺了假。阿基米德经过几天的冥思苦想，也没有想出办法。一天，他躺进澡盆里洗澡时，感觉到自己的身体越往下沉，澡盆里溢出的水就越多，他则感到身体越来越轻。阿基米德脑筋一转，立刻欣喜地从澡盆里跳出来。因为他找到了鉴定金王冠是否掺假的方法，而且还发现了一个物理学界非常重要的科学原理。

案例：热气球是利用浮力飞行，它是利用加热的空气或者某些气体的密度低于气球外的空气的密度，实现飞行的。热气球主要是通过自带的加热器，来调整气囊中空气的温度，从而达到控制气球升降的目的。热气球的动力就是燃烧器，它没有方向舵，它的运动方向由风的方向来决定。热气球的升降与球体内部气体的温度有关，球体内部气温升高，气体重力就会减小，当它的重力减小到小于浮力的时候，气球就会上升。球体内部气温降低，球体产生的浮力小于球体自身重量和载重，气球就会下降。

启示：阿基米德发现的浮力原理，奠定了流体静力学的基础。

阿基米德原理可用于解释气球的上升机理：充满轻气体的气球的自重小于它所排开的空气的重量（浮力）。

阿基米德静浮力可使积云对流得以发展，在稳定层结大气中可以产生重力内波。

阿基米德的浮力定律对于现在的许多领域都有重要意义，尤其是在轮船行业的应用更为广泛，跟密度相关的重要物理概念也都需要通过浮力定律的辅助才得以证明和发展。

4. 不确定性原理

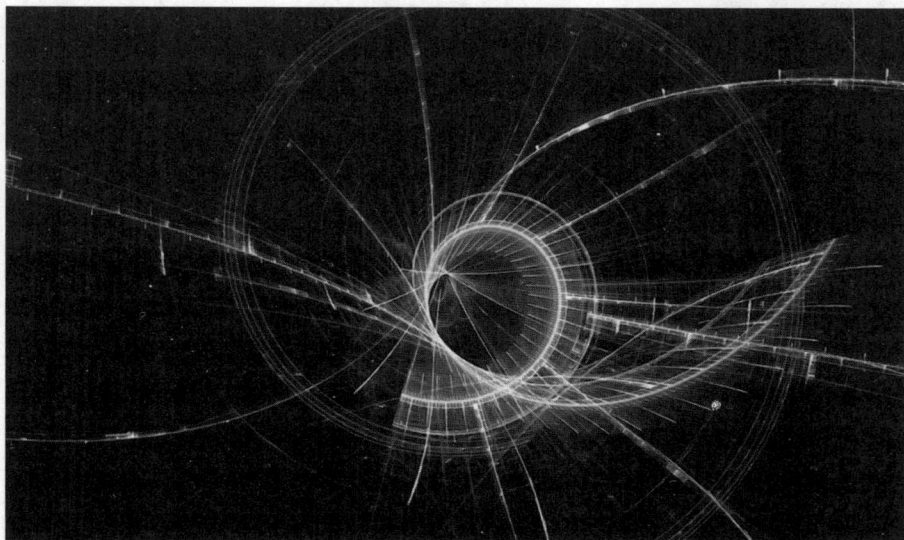

概念：属于量子力学中的一个基本原理。它不但反映了微观粒子运动的基本规律，而且成为了现代物理学中的一条重要定律，这一定律表明："一个微观粒子的某些物理量，不可能同时具有确定的数值，其中一个量越确定，另一个量的不确定程度就越大。"

起源：德国物理学家海森堡1927年提出的不确定性原理是量子力学的产物。这项原则陈述了精确确定一个粒子，例如原子周围的电子的位置和动量是有限制的。这个不确定性来自两个因素，首先，测量某东西的行为将会不可避免地扰乱那个事物，从而改变它的状态；其次，因为量子世界不是具体的，但基于概率，精确确定一个粒子状态存在更深刻更根本的限制。

案例：如今，在火电厂的生产运行中使用了诸多的先进技术，最大程度地确保了集控运行的可靠性，还保证了监控系统的可靠性。同时，监控信号也越来越集中化、人性化，方便了信号的集中控制，可使监控以及值班人员的工作量大幅降低，并使设施的安全性得以提升，降低了检修的频次，从而令无人值班的变电站走向规范化。

启示：在物理的微观体系里，海森堡测不准定律开始迫使人们抛弃原先的物质因果观念，也使人们的科学基本观发生了非常深刻的变化。从本质上来讲，物理学是不能做出超越统计学范围的预测的，但是牵涉到巨大数目的统计，统计方法经常可以提供十分可靠的依据；但是牵涉到小数目的统计后，统计方法就确实靠不住了。

海森堡测不准原理是建立在经典力学后续发展基础上的第三次大进步，说明了我们的物理科学度量能力在理论上存在的某些局限。它的基础研究的具体内容是物质质量和距离关系形成的万有引力定律、质量与力的关系和力与运动速度的关系。一个科学家在最理想的情况下，用物理学基本定律也无法获得准确统计。换句话说，不管我们对测量仪器做出什么改进，都不可能得到准确的统计数据，或者说存在必要的误差。

海森堡测不准原理为人类的科学发展道路奠定了良好的基础，是一个良好的创新理念的和谐典范。因为它在新发现面前，既不破旧立新，又能标新立异，既发展了自己，又给他人留下了继续发展的空间。例如，它能把原子物理学和经典线性数学两门学科联系起来，用具体内容来客观地分析它们之间存在的辩证关系。它认为经典线性数学是一种"有准而有不准"的理论体系，而原子物理学则是一个"无准而无不准"的新理论体系。

5. 光的折射定律

概念： 光线从一种介质斜射入另一种介质中，会产生折射现象：如果光线射入的介质密度大于光线自身所在介质的密度，那么入射角小于折射角；反之，则入射角大于折射角。

起源： 荷兰数学家威里布里德·斯涅耳（1591—1626）于1620年前后，通过实验确立了开普勒想发现而没有能够发现的折射定律。斯涅耳对折射定律作了如下表述：在不相同的介质里，入射角和折射角的余割之比总是保持相同的值。由于余割和正弦成反比，所以这个叙述等价于现代折射定律的表达式。

案例： 光的折射在生活中随处可见。鱼儿在清澈的水里面游动，可以看得很清楚。然而，沿着你看见鱼的方向去叉它，却叉不到。有经验的渔民都知道，只有瞄准鱼的下方才能把鱼叉到。鱼叉叉向的是鱼的虚像。而若使用激光枪射鱼，要瞄准所看到的像，因为光线在水中也会发生折射。从上面看水，玻璃等透明介质中的物体，会感到物体的位置比实际位置高一些。这是光的折射现象引起的，光在水和空气的界面上发生折射，折射光线远离法线方向，人们根据光沿直线传播的经验，逆着折射光线看去就会看到物体上方的虚像。

启示： 光的折射定律是几何光学的基本定律之一。是在光的折射过程中，确定折射光线与入射光线之间关系的定律。

生活中的许多"奇特"现象都是由于光的折射引起的。例如，我们将筷子斜放在盛有清水的碗中，就会看到水中的筷子向上弯折；鱼儿在清澈的水里面游动，然而沿着你看见鱼的方向用鱼叉去叉它却总是叉不到，只有瞄准鱼的下方才能把鱼叉到；在炎热的夏季，当你走在沥青路面上时，会发现前方出现一大片"水渍"，水面还像镜子一样闪着光，而且映出倒影。除了以上这些，还有很多和光的折射相关的例子。近视眼镜、远视眼镜、望远镜、显微镜等都是利用光的折射制成的。此外，光纤通信、分光棱镜、放大镜、防盗门上的"猫眼"也和光的折射息息相关。只要我们善于发现生活，就会发现许多常见而又充满科学的"奇趣"。

6. 动量守恒定律

概念： 一个系统不受外力或所受外力之和为零，这个系统的总动量保持不变，这个结论叫做动量守恒定律。

起源： 物理学上，动量守恒定律是由空间平移不变性推理出的。最初，它是牛顿定律的推论之一，后来它和其他推论的适用范围远远地比牛顿定律要广泛，属于更为基础的物理规律，是时空性质的具体反映。

案例： 在高中物理教学中，会使用动量守恒定律来解决碰撞问题，使学生能够更好地对碰撞问题进行理解，从而提升高中物理教学的实际水平。例如，在同一空间内放置两个质量为 W 的物体即 A 和 B，然后在物体上固定一根弹簧，其弹簧质量可以忽略，同时还要保证两物体相对静止，这时物体 A 开始沿着水平方向向物体 B 一方开始运动，通过弹簧与物体 B 发生作用。这两个物体与水平面之间动摩擦因数都是 0.2，A 速度是 40 m/s，而在 2.5 s 以后 A 与 B 进行分离，同时 A 开始逐渐减速，其速度为10 m/s。要求B的实际速度，教师就要对学生进行正确引导，并提出相应的问题让学生进行思考，要是将固定在B上的弹簧去掉，其他条件均不发生改变的情况下，B的速度将如何算。通过计算可知B的运动速度为29.96 m/s。而如果使用动量守恒定律来解决，那么计算值和实际值之间的误差很小，其计算值可以被看作是正确的，这是由于两个物体在碰撞过程中，两者之间的实际作用时间非常短，冲量影响可以忽略不计，所以系统中的动量也是守恒的。

启示：动量守恒定律是自然界最普遍、最基本的规律之一。不仅适用于宏观物体的低速运动，也适用于微观物体的高速运动。小到微观粒子，大到宇宙天体，无论内力是什么性质的力，只要满足守恒条件，动量守恒定律总是适用的。

动量守恒定律是空间平移不变性的表现。在狭义相对论中，动量和能量结合在一起成为动量-能量四维矢量，动量守恒定律也与能量守恒定律一起结合为四维动量守恒定律。

7. 狭义相对论

概念：在狭义相对论中，最著名的推论就是质能公式，这个推论能够说明质量随着能量的增加而增加。

起源：1905年，爱因斯坦提出了狭义相对论，这一理论是他在洛仑兹和庞加莱等人的研究基础上创立的，属于一种时空理论，也是对牛顿时空观的拓展和修正。它的基本原理是物质在相互作用中做永恒的运动，没有不运动的物质，也没有无物质的运动。而物质运动必须要有一个参考物，我们通常称这个参考物为"参照系"。

　　案例： GPS的使用离不开狭义相对论。GPS现在已进入了普通人家，只要花几百块钱给车辆装一个GPS导航仪，或花一两千块钱买一个带GPS的手机，就可以随时知道自己在地球上的准确位置。GPS是靠美国空军发射的24颗GPS卫星来定位的（此外还有几颗备用卫星），每颗卫星上都携带着原子钟，它们计时极为准确，误差不超过十万亿分之一，即每天的误差不超过10纳秒（1纳秒等于10亿分之一秒），并不停地发射无线电信号报告时间和轨道位置。这些GPS卫星在空中的位置是精心安排好的，任何时候在地球上的任何地点至少都能见到其中的4颗。GPS导航仪通过比较从4颗GPS卫星发射来的时间信号的差异，计算出所在的位置。GPS卫星以每小时14 000千米的速度绕地球飞行。根据狭义相对论，当物体运动时，时间会变慢，运动速度越快，时间就越慢。

　　启示： 狭义相对论建立后，对物理学发展起到了非常大的推动作用。而且这一理论还能够深入到量子力学的范围，对高能粒子的研究帮助很大。

　　狭义相对论是对牛顿力学绝对时空观的否决。在以往的力学中都是将牛顿力学作为理论基础的，而牛顿时空观的基本思想是：①时间是均匀的，时间间隔是绝对的。②空间是各个方向同性的，长度也是绝对的。③时间和空间是相互独立的。而且伽利略变换正是经典时空观的集中体现。狭义相对论的出现否定了经典力学的时空观，建立了相对论的时空观，主要内容有：①时间并非是绝对不变的，而是具有相对性，时间间隔的度量也是与参照系的运动状态有关。②空间也并非绝对不变，也是具有相对性的，空间间隔的度量也是与参照系的运动有关。③时间和空间是密切联系的。孤立的时间和空间是不存在的。洛伦兹变换就是对相对论时空观的具体体现。

　　狭义相对论将经典力学中质量绝对不变的观点进行了否决。即当物体在进行高速运动时，其质量会随物体运动速度的变化而变化，质量和速度关系式恰好清楚地解释了这种变化关系。

　　狭义相对论将牛顿力学中质量与能量互不相关的思想进行了否定。即认为质量与能量之间不是毫无关系的，而是有着密切的联系，质能表达式便是体现他们之间关系的铁证。

8. 广义相对论

概念： 是描述物质间引力相互作用的理论。这一理论首次把引力场解释成时空的弯曲。

起源： 爱因斯坦在1905年发表了一篇探讨光线在狭义相对论中，重力和加速度对其影响的论文，广义相对论的雏形就此开始形成。1912年，爱因斯坦发表了另外一篇论文，探讨如何将引力场用几何的语言来描述。至此，广义相对论的运动学出现了。到了1915年，爱因斯坦场方程发表了出来，整个广义相对论的动力学才终于完成。

案例： 我们松开手上的物体，他就会掉下去。按照牛顿的观点，这是受到了地球的吸引（万有引力），产生了加速度，所以物体做匀加速直线运动。按照爱因斯坦的广义相对论，万有引力根本就不是什么力，只是时空弯曲的表现，松手之前，手上的物体受到给他的力。而松开手，物体就不受力了，就自由下落，它做的惯性运动。

行星绕日的运动，行星绕日的运动可以用万有引力定律和牛顿第二定律计算出它的轨道。但是按照爱因斯坦的广义相对论，这是惯性运动，因为万有引力不是力，行星没有受到任何力，绕着太阳转动是一种惯性运动，它只是在自由运动而已。

启示： 广义相对论在天体物理学中起着非常重要的作用，因为它能够直接推导出一些大质量的恒星会终结为一个黑洞，还预言了引力波的存在，而且引力波已经被间接的观测证实。此外，它还已经成为现代宇宙学膨胀宇宙论的理论基础，为人们对宇宙膨胀论的研究注入了新的活力。

广义相对论虽然是在狭义相对论的基础上发展而来的，但是两者之间存在着较大的区别：狭义相对论讨论的是匀速直线运动的参照系之间的物理定律，而广义相对论则推广到了具有加速度的参照系中，并在等效原理的假设下，广泛应用到了引力场的研究当中。

9. 自由组合规律

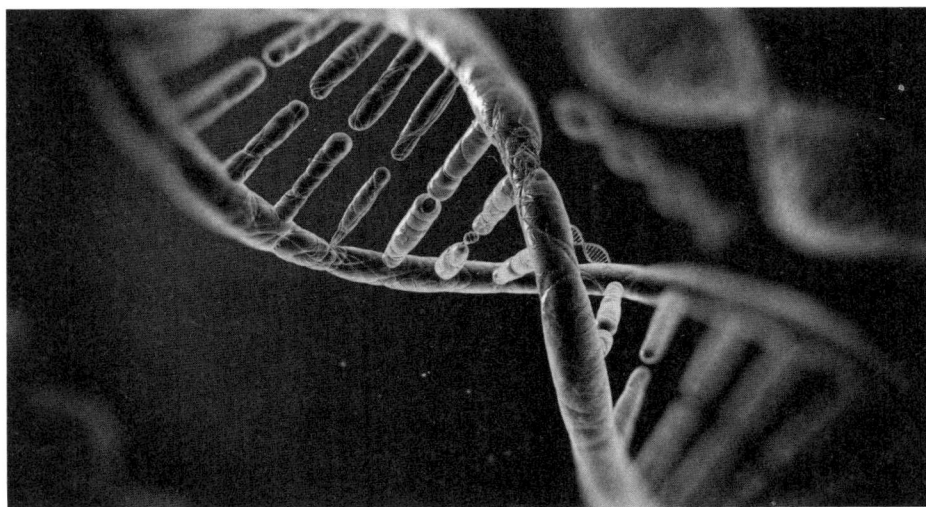

概念： 相同物种之间，生物的一对等位基因和另一对等位基因的分离与组合是互不干扰的，能够各自独立地分配到配对中。自由组合定律的实质，也是我们将自由组合定律又称为独立分配规律的原因。

起源： 遗传学说奠基人孟德尔（Gregor Johann Mendel）于1856—1864年间作为假说提出并初步验证。

孟德尔取具有两组相对性状差异豌豆为研究对象，一个亲本是显性性状黄色圆粒（记为YYRR），另一亲本是隐性性状绿色皱粒（记为yyrr），得到杂合的F1子一代黄色圆粒（记为YyRr）。让它们进行自花授粉（自交），则在F2子二代中出现了明显的分离和自由组合现象。在共计得到的556颗F2种子中，有四种不同的表现类型，其数目分别为：黄色圆形，绿色圆形，黄色褶皱，绿色皱粒。如果以数量最少的绿色皱粒32颗作为比例数1，那么F2的四种表现型的数字比例大约为9：3：3：1。

案例： 自由组合规律应用于遗传育种工作中可以通过有目的地选择、选配杂交亲本，不断进行纯化和选择，从而得到符合理想要求的新品种，可以对受多对基因控制的性状进行育种选择，还可以预测杂交后代分离群体的基因型、表现型结构，确定适当的杂种后代群体种植规模，提高育种效率。比如，两个品种的番茄：一个是抗病、黄果肉品种，另一个是易感病、红果肉品种，可以让这两个品种的番茄进行杂交，就会出现既抗病又是红果肉的新型品种。

启示： 孟德尔的自由组合定律表现出两方面的意义，即理论意义和实践意义。

其理论意义是能够解释为什么自然界的生物种类是丰富多样的，为什么世界上没有两个完全相同的生物个体。例如，你在全世界找不到两个指纹完全相同的人。原因就是在能够产生生物变异的有性生殖中，基因的自由组合产生了多种多样的后代。

其实践意义是对于现代的杂交育种工作有着很大的指导作用，有利于人工选育新品种。而在医学实践中，人们又可以根据基因的自由组合定律来分析遗传病的发生规律和概率，从而为遗传病的预测和诊断提供理论依据。

10. 杠杆原理

概念： 也被称为"杠杆平衡条件"。在杠杆平衡的条件下，作用在杠杆上的两个力的大小跟它们的力臂成反比。要保持杠杆达到平衡，动力臂是阻力臂的几倍，动力就是阻力的几分之一。

起源： 古希腊科学家阿基米德在《论平面图形的平衡》一书中提出了杠杆原理。

阿基米德是首先将杠杆实际应用中的一些经验当作"不证自明的公理"，然后再从这些公理出发，通过严密的逻辑论证和计算，最终得出了杠杆原理，并将这一原理写在自己的著作当中：二重物平衡时，它们离支点的距离与重量成反比。

案例：在我们的日常生活中有很多利用杠杆原理的工具。自行车作为人们短途出行最方便最常用的交通工具，它的制造结构和使用很多用到了杠杆原理和其他自然科学方面的知识。自行车在使用过程中不像电车汽车一样耗电耗油。它是基于机械的简单组合上利用力学平衡原理来进行行走的。轮轴装置是大小飞轮、脚踏板与后轮共同组成的，当把动力作用在轴上就比较费力，只有动力作用在轮上才可以省力。车把手省力的方式是阻力臂小于动力臂，因为它在转动时是一个省力杠杆，通过这种方式可以省力。刹车闸也是一个杠杆，利用阻力臂小于动力臂的方式进行省力。

启示：阿基米德对于杠杆的研究并没有仅仅停留在理论方面，而是根据这一原理，大胆地进行了一系列的发明和创造。文献中对此有所记载，阿基米德利用杠杆原理制造了令敌人胆寒的投石器，利用它射出各种巨石和飞弹可以将敌人拒于千米之外，也可以近距离地大面积杀伤敌人。

杠杆平衡是指杠杆处于静止状态下或者匀速转动的状态下。人们根据杠杆平衡原理，将杠杆通常分为三类，分别是：省力杠杆、费力杠杆和等臂杠杆。省力杠杆省力但费距离，如羊角锤、锄刀、手推车等；费力杠杆费力但省距离，如钓鱼竿、筷子、船桨等；等臂杠杆既不省力也不费力，又不需要多移动距离，如天平、定滑轮等。

实践已经证明，没有任何一种杠杆可以既省力又省距离。

11. 光的反射定律

概念：当光射到物体表面时，有一部分被物体表面反射回去，这种现象叫做光的反射。

起源：光的反射定律由法国土木工程兼物理学家菲涅耳（1788—1827）提出。他发现了反射/折射与视点角度之间的关系。因此，光的反射又称为菲涅尔反射。

案例：如果你站在湖边，低头看脚下的水，你会发现水是透明的，反射不是特别强烈；如果你看远处的湖面，你会发现水并不是透明的，但反射非常强烈。这就是"菲涅尔效应"。

启示：光的反射定律适用于所有光的反射现象，不管是镜面反射还是漫反射，都适用。光的反射定律不仅适用于垂直照射，还适用于倾斜照射。

12. 生物进化论

概念：它就是指关于生物从无到有，从低级到高级，从简单到复杂的逐步演变过程。

起源：是由英国生物学家查尔斯·达尔文（1809—1882）曾经乘坐贝格尔号舰作了历时5年的环球航行中，对动植物和地质方面进行了大量的观察和采集后，当时是对物种起源的一种猜测而提出的一种假说。

启示：进化论给人文领域带来了一场颠覆性的革命，在达尔文之前，人们普遍认为人是万物之灵，并非自然界的一部分，而是超越了自然。例如犹太教及基督教神学把人看成上帝根据自己的形象创造出来的特殊作品，在世界万物中只有人才被赋予了灵魂，世界万物都是被创造出来为人服务的，人与其他动物存在不可逾越的鸿沟。

达尔文指出，人类是生物进化过程中的偶然产物，大自然的产物。今天的一切生物都是人类的亲属，人类与其他生物特别是与类人猿并无本质的区别，我们认为人类特有的属性——例如智力、道德观等精神因素——都可在其他动物中找到雏形，也必定有其自然的起源。进化论推翻了人类自以为与其他动物不同的地位，人类和猿猴分享同一个祖先，这是难以令人接受的。对于信奉基督教的人士而言是无法接受的，这种思维直到世界性政教分离后才得以理性化。

13. 卡西米尔效应

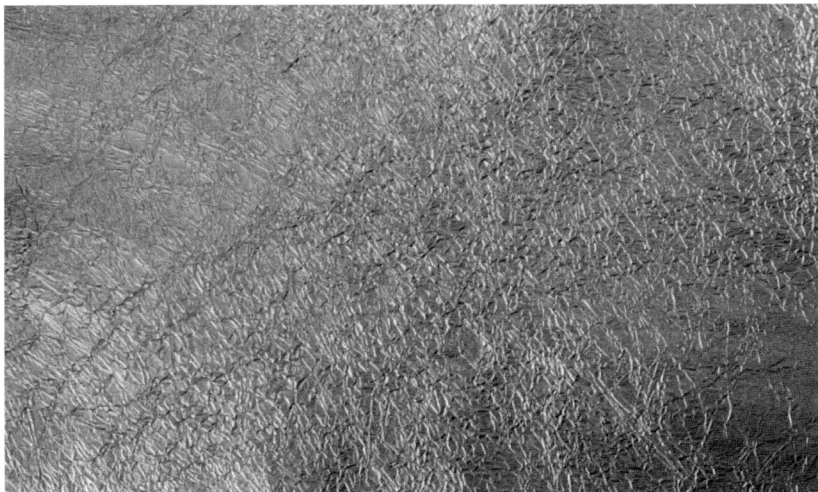

概念： 真空中两片中性（不带电）的金属板会出现吸力；这在经典理论中是不会出现的现象。

起源： 是由荷兰物理学家亨德里克•卡西米尔（Hendrik Casimir）于1948年提出的一种现象。

启示： 卡西米尔效应最吸引人的地方就是真空不空，能量与物质可以相互转化。经典的卡西米尔效应试验是将两片金属箔放置在很近的位置，当金属箔之间的距离小于真空中的虚粒子的波长时，长波排除，金属箔外的其他波就会靠拢。两者距离越近，吸引力越大。这已经在1996年为试验所证实。即将出版的Physical Review Letters上讲，Ho Bun Chan（University of Florida）将卡西米尔效应应用到了计算机芯片的设计上。早在2001年，Ho Bun Chan就设计了一个纳米杠杆，将一张极薄的金箔靠近一个极小的金球，当两者距离<300纳米的时候，两者就会吸引。作用力的大小与距离相关，这样就可以利用另一端做微观世界的测力计。

Ho Bun Chan也证明如果将金箔换为硅片，同样的效应也会发生。因此对计算机芯片的设计也具有指导意义。因为芯片厂会发现当硅片上的元件小到一定尺度，他们就会粘到一起。然而更有意思的是，卡西米尔效应还有可能成为排斥力。根据Lifshitz（也就是Landau的理论物理学讲义的合作者）如果将金属箔和真空换为适当的物质和液体，吸引力就可以变为排斥力。哈佛大学的Capasso博士正带领他的小组在向这个方向努力。因为如果这种天然的排斥力可以形成，我们就可以制造没有摩擦力的微观轴承了。

14. 重力红移

概念：指的是光波或者其他波动从重力场源（如巨大星体或黑洞）远离时，整体频谱会往红色端方向偏移。

起源：1959年庞德-雷布卡实验展示了谱线重力红移的存在。此由哈佛大学莱曼物理实验室的科学家所记载。

启示：由于如地球等行星质量并不算大，以至于重力红移现象不显著，故近地通讯并没有针对重力红移的修正需求。

重力红移的主要应用是在天文学研究上，透过一些特定原子光谱的红移，可以估计星球质量。

15. 用进废退

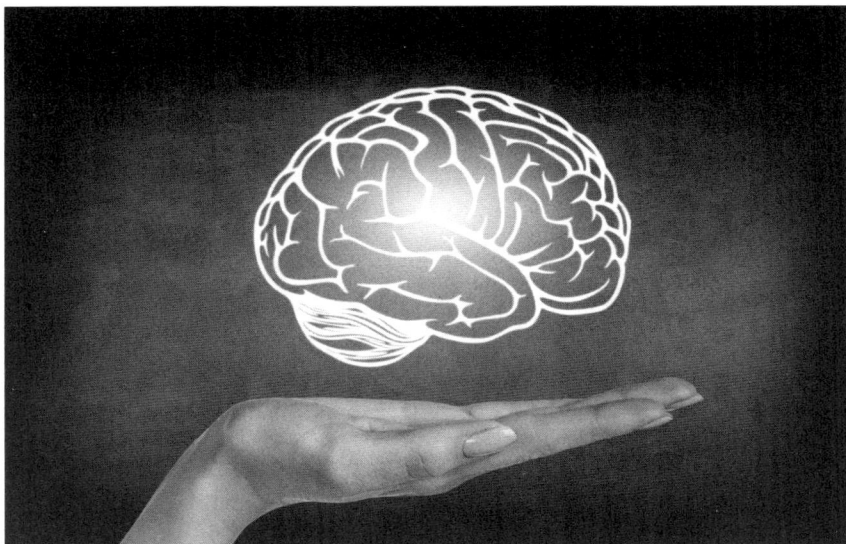

概念：是指生物体的器官经常使用就会变得发达，而不经常使用就会逐渐退化。

起源：用进废退这个观点最早是由法国生物学家拉马克提出，他在《动物的哲学》中系统地阐述了他的进化学说（被后人称为"拉马克学说"）。

案例：长颈鹿的祖先是矮子，因为为了吃到高处的树叶，就拼命地伸长脖子，结果脖子变长了，从而遗传给了下一代。很明显，这个学说有一个致命的破绽，即使身体改变了，基因也不会发生改变，所以长得再高也不会遗传给下一代。

启示：人的大脑，越是勤思考勤运用，便越灵活；而越是懒惰不动脑，大脑便会像生锈的链条，难以正常运转。

16. 基因分离定律

概念： 在杂合子细胞中，位于一对同源染色体上的等位基因，具有一定的独立性；当生物细胞进行减数分裂时，等位基因会随着同源染色体的分离而分开，然后分别进入两个配子当中，独立地随配子遗传给后代。

起源： 基因分离定律是孟德尔通过豌豆实验发现的，那他为什么选择豌豆，而不是其他豆科植物呢？豌豆属于严格的自花传粉植物，自然条件下，可以避免外来花粉粒的干扰，所以，它保证了实验结果的可靠性。豌豆每个品种都具有非常容易区分的性状，而且能够稳定地遗传给后代，从而使实验结果便于观察和分析。豌豆花的花形大，而且豌豆种子也比较大，既易于做人工实验又便于收集和统计数据。豌豆花的花期较短，便于尽快获得种子，从而节省实验时间。

启示： 基因分离定律有着自己的适用范围，包括有性生殖生物的性状遗传、真核生物的性状遗传、细胞核遗传和一对相对性状的遗传。

基因分离定律能够直接解决一对相对性状的遗传，而两对或两对以上相对性状的遗传问题，它是不能直接解决的。

基因分离定律中同源染色体的分开是有性生殖生物产生有性生殖细胞的减数分裂特有的行为。只有真核生物细胞核内的基因会随着染色体的规律性变化而呈现规律性的变化。

17. 基因的连锁和交换定律

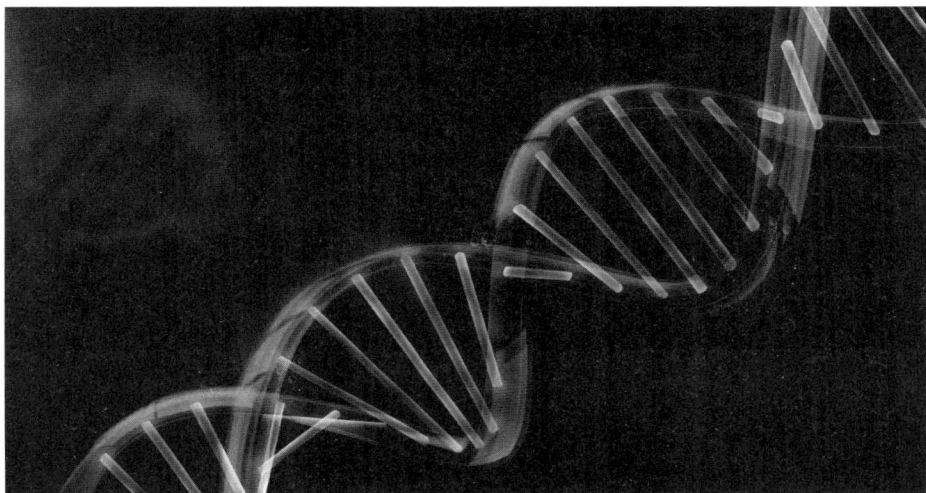

概念： 在进行减数分裂形成配子时，位于同一条染色体上的不同基因，常常连在一起进入配子；在减数分裂形成四分体时，位于同源染色体上的等位基因有时会随着非姐妹染色单体的交换而发生交换，因而产生了基因的重组。

起源： 美国的遗传学家摩尔根和他的同事们用果蝇作实验材料，进行了大量的遗传学的研究工作，不仅证实了基因的分离定律和自由组合定律是正确的，而且揭示出了遗传的第三个基本定律——基因的连锁和交换定律，科学地解释了孟德尔的遗传定律所不能解释的遗传现象。

案例： 在医学实践中，人们可以利用基因的连锁和交换定律，来推测某种遗传病在胎儿中发生的可能性。例如，有一种叫做指甲髌骨综合征的人类遗传病。患者的主要症状是指甲发育不良，髌骨缺少或发育不良。这种病是一种显性遗传病，致病基因（用两个大写字母NP表示）与ABO血型的基因（IA、IB或i）位于同一条染色体上。在患这类疾病的家庭中，NP基因与IA基因往往连锁，而NP的正常等位基因np与IB基因或i基因连锁，又已知NP和IA之间的重组率为10%。由此可以推测出，患者的后代只要是A型或AB型血型（含IA基因），一般将患指甲髌骨综合征，不患这种病的可能性只有10%。因此，这种病的患者在妊娠时，应及时检验胎儿的血型，如果发现胎儿的血型是A型或AB型，最好采用流产措施，以避免生出指甲髌骨综合征患儿。

启示： 基因的连锁和交换定律与基因的自由组合定律并不矛盾，它们是在不同情况下发生的遗传规律：位于非同源染色体上的两对（或多对）基因，是按照自由组合定律向后代传递的，而位于同源染色体上的两对（或多对）基因，则是按照连锁和交换定律向后代传递的。

18. 基因的自由组合定律

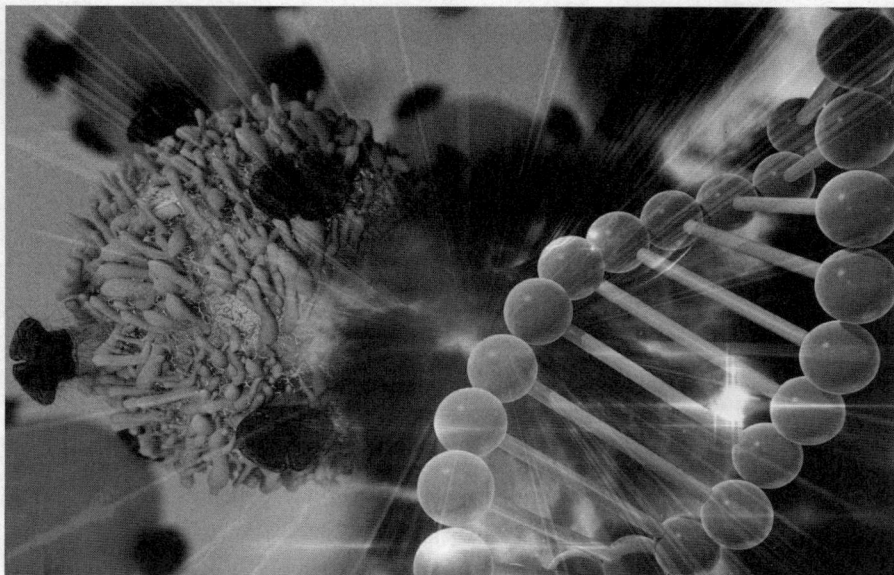

概念：同源染色体相同位置上决定相对性状的基因在形成配子时等位基因分离，非等位基因自由组合。

起源：它由奥地利遗传学家孟德尔（G.J.Mendel，1822－1884）经豌豆杂交试验发现。

案例：杂交育种的指导：让具有不同优良性状的两个亲本进行杂交，选育优良品种遗传病的预测和诊断：依靠自由组合定律分析家族中遗传病的发病情况、后代的基因型和表现型以及它们出现的概率的分析。

在育种工作中，使用杂交的方法，有目的地使生物不同品种间的基因重新组合，以便不同亲本地优良基因组合到一起，从而创造出对人类有益的新品种。

在医学实践中，根据基因的自由组合定律来分析家系中的两种遗传病同时发病的情况，并且推断出后代的基因型和表现型以及他们出现的概率，为遗传病的预测和诊断提供理论依据。

理解生物多样性的原因，生物体在进行有性生殖过程中，控制不同的性状的基因可以进行重新组合——基因重组，从而产生多种不同基因型的后代，表现不同的性状。

启示：基因的自由组合定律的实质是：位于非同源染色体上的非等位基因的分离或组合是互不干扰的；在减数分裂的过程中，同源染色体上的等位基因彼此分离的同时，非同源染色体上的非等位基因自由组合。

19. 哈勃定律

概念：河外星系的视向退行速度与距离成正比，即距离越远，视向速度越大。这个速度——距离关系在1929年由美国天文学家哈勃发现，称为哈勃定律或哈勃效应。

起源：美国天文学家爱德温·哈勃在1929年提出了哈勃定律，并依此推导出星系都是在互相远离的宇宙膨胀说。

案例：哈勃定律原来由对正常星系观测而得，现已应用到类星体或其他特殊星系上。哈勃定律通常被用来推算遥远星系的距离。

启示：哈勃提出宇宙膨胀论具有里程碑意义，它表明远处的星系正在急速地远离我们，也意味着早先的星体之间是更加靠近的，这个发现暗示存在着一个叫做大爆炸的时刻，即宇宙大爆炸。

根据大爆炸宇宙论，早期的宇宙是一大片由密度极大、温度极高的微观粒子构成的均匀气体，而且以很大的速率膨胀着，最终在某一时刻产生了大爆炸。爆炸后的气体温度逐渐降低，才使得原子核、原子直至恒星系统能够相继出现。

20. 开普勒定律

概念： 是指行星在宇宙空间绕着太阳公转所遵循的定律。

起源： 它是由德国天文学家约翰尼斯·开普勒根据丹麦天文学家第谷·布拉赫等人的天文观测资料和星表，又经过自己的观测和分析归纳后提出的三条定律，即开普勒三定律。

启示： 开普勒定律证明了行星世界是一个匀称的系统，这个系统的中心天体是太阳，太阳是每个行星轨道的焦点之一。行星的公转周期取决于各个行星和太阳之间的距离，与质量没有关系。

开普勒定律在科学思想上表现出了创造精神，不但否定了天体遵循完美的匀速圆周运动的观念，而且彻底摧毁了托勒密的本轮系统，把哥白尼体系从本轮系统中解放出来。哥白尼体系需要用30多个圆周来解释天体的表观运动，而开普勒定律只用7个椭圆就全部解决了，不需要借助任何本轮系统和偏心圆就能简单而精确地推算行星的运动。

21. 牛顿运动定律

　　概念：牛顿运动定律包括牛顿第一运动定律、牛顿第二运动定律和牛顿第三运动定律三条定律，其中，第一定律说明了力的含义：力是改变物体运动状态的原因；第二定律指出了力的作用效果：力使物体获得加速度；第三定律揭示出力的本质：力是物体间的相互作用。

　　起源：由艾萨克·牛顿在1687年于《自然哲学的数学原理》一书中总结提出。

　　启示：牛顿运动定律中的各定律互相独立，且内在逻辑符合自洽一致性。其适用范围是经典力学范围，适用条件是质点、惯性参考系以及宏观、低速运动问题。牛顿运动定律阐释了牛顿力学的完整体系，阐述了经典力学中基本的运动规律，在各领域上应用广泛。

　　三大运动定律不但构成了物理学和工程学的基础，而且为物理学的建立提供了基本定理。

22. 诺特定理

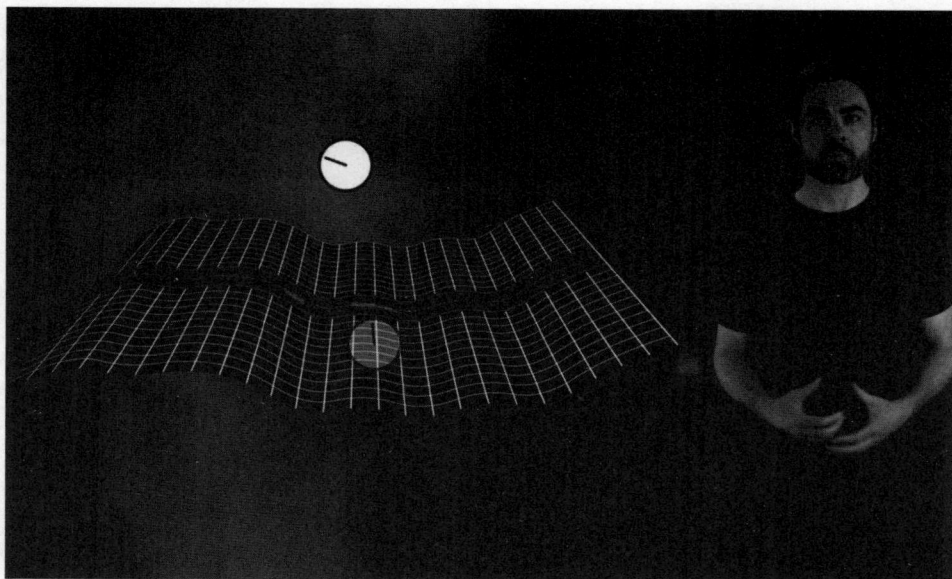

概念： 这一定理指出，如果运动定律在某一变换下具有不变性，一定相应地存在一条守恒定律。

起源： 它得名于20世纪初的数学家埃米·诺特。

启示： 诺特定理对于所有基于作用量原理的物理定律是成立的，而且和量子力学密切相关，因为它只用经典力学的原理，就可以推测出和海森堡测不准原理相关的物理量。

诺特定理的应用，帮助物理学家在物理的任何一般理论中，通过分析各种使得所涉及的定律形式保持不变的变换而获得深刻的洞察力。例如，物理系统对于空间平移的不变性，物理学家经过观察给出了线性动量的守恒律；对于转动的不变性又给出了角动量的守恒律；对于时间平移的不变性给出了名的能量存在某种对称性。

23. 宇称不守恒定律

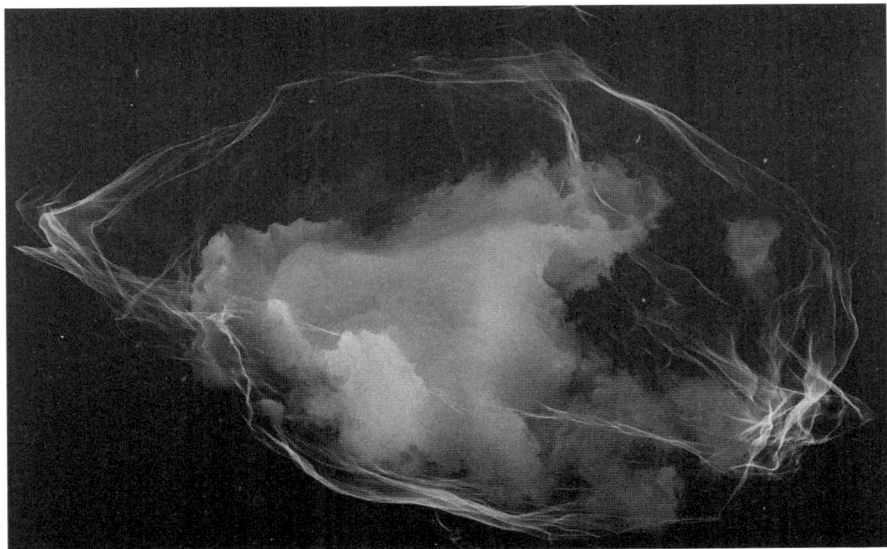

概念： 是指在弱相互作用中，互为镜像的物质的运动不对称

起源： "东方居里夫人"吴健雄用两套实验装置观测钴-60的衰变，从而证明了宇称不守恒。华裔科学家李政道和杨振宁在深入细致地研究了各种因素之后，大胆地断言：一直在研究的两种粒子其实是相同的一种粒子，只不过在弱相互作用的环境中，它们的运动规律并不一定完全相同。

案例： 有两辆互为镜像的汽车，汽车A的司机坐在左前方座位上，油门踏板在他的右脚附近；而汽车B的司机则坐在右前方座位上，油门踏板在他的左脚附近。汽车A的司机顺时针方向开动点火钥匙，把汽车发动起来，并用右脚踩油门踏板，使得汽车以一定的速度向前驶去；汽车B的司机也做完全一样的动作，只是左右交换一下——他逆时针方向开动点火钥匙，用左脚踩油门踏板，并且使踏板的倾斜程度与A保持一致。汽车B将会如何运动呢？

也许大多数人会认为，两辆汽车应该以完全一样的速度向前行驶。遗憾的是，他们犯了想当然的毛病。吴健雄的实验证明了，在粒子世界里，汽车B将以完全不同的速度行驶，方向也未必一致！——粒子世界就是这样不可思议地展现了宇称不守恒。

启示： 宇称不守恒定律的这一发现虽然有助于完善宇宙大爆炸的理论，但是动摇了"基本物理定律应在时间上对称"的观点。不得不说，它的影响是极其深远的。

24. 反物质

概念： 反物质是正常物质的反状态。当正反物质相遇时，双方就会相互湮灭抵消，发生爆炸并产生巨大能量。

起源： 反物质概念是英国物理学家保罗·狄拉克最早提出的。他在1928年预言，每一种粒子都应该有一个与之相对的反粒子，例如反电子，其质量与电子完全相同，而携带的电荷正好相反（A）。且反电子的自旋量子数是-1/2而不是正1/2。

欧洲航天局的伽马射线天文观测台，证实了宇宙间反物质的存在。他们对宇宙中央的一个区域进行了认真的观测分析。发现这个区域聚集着大量的反物质。此外，伽马射线天文观测台还证明，这些反物质来源很多，它不是聚集在某个确定的点周围，而是广布于宇宙空间。

启示： 科学家们相信，宇宙中的正反物质的大尺度分离是不可能发生的，因此，宇宙中大块的反物质是不存在的。但是，早期宇宙中的正反物质的含量应该是相等的。按照宇宙大爆炸理论，极早期的宇宙介质温度会非常高。所以，基于这种条件，粒子间的热碰撞会成对地产生任何形态的基本粒子。当粒子的湮灭和产生达到平衡时，宇宙介质就是一切基本粒子构成的混合气体了。

25. 胡克弹性定律

概念：固体材料受力之后，材料中的应力与应变（单位变形量）之间成线性关系。

起源：胡克定律由R.胡克于1678年提出，表达式为$F=-k \cdot x$ 或 $\Delta F=-k \cdot \Delta x$，其中$k$是常数，是物体的劲度系数 （弹性系数）。在国际单位制中，F的单位是牛，x的单位是米，它是形变量（弹性形变），k的单位是牛/米。劲度系数在数值上等于弹簧伸长（或缩短）单位长度时的弹力。

启示：胡克的发现直接导致了弹簧测力计——测量力的基本工具的诞生，并且直到今天的物理实验室还在广泛使用。弹簧测力计的原理也即是"胡克定律"。

26. 波义耳定律

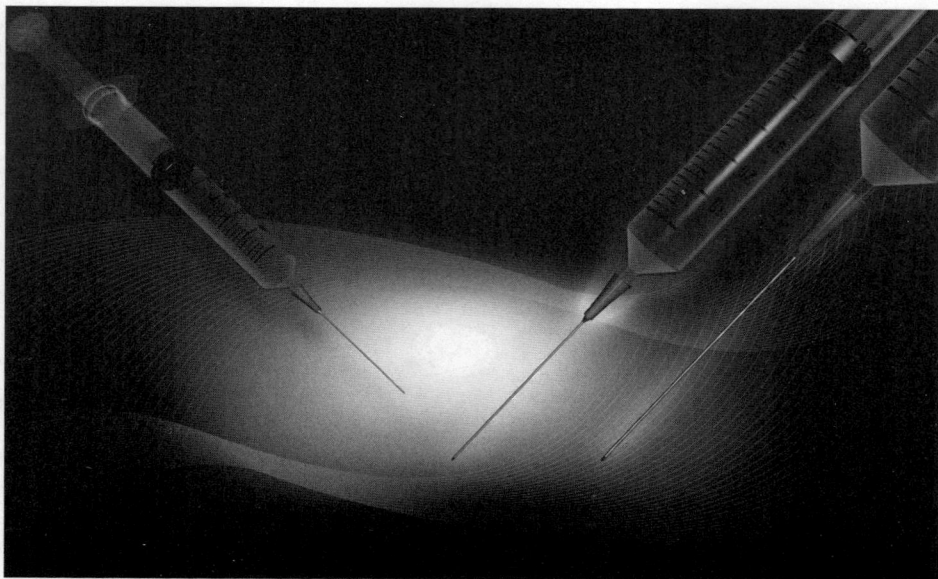

概念：在定量定温下，理想气体的体积与气体的压强成反比。

起源：是由英国化学家波义耳（Boyle），在1662年根据实验结果提出："在密闭容器中的定量气体，在恒温下，气体的压强和体积成反比关系。"称之为波义耳定律。这是人类历史上第一个被发现的"定律"。

案例：一个普通的注射器可以成为波义耳定律用于实践的例证。如果一位内科医生推动注射器上的活塞，他就减小了注射器内部的体积，增加了压强并且使药物注射进体内。一个位于海平面上的可充气气球在大气中上升的过程中，会发生膨胀并且遇到降低的压强。与之类似，当我们吸气时，我们的隔膜向下移动，增加肺部体积并减小压强，以使空气进入肺部。从某种意义上说，离开了波义耳定律，我们就无法生存，因为我们的每次呼吸都伴有波义耳定律。

启示：波义耳创建的理论——波义耳定律，是第一个描述气体运动的数量公式，为气体的量化研究和化学分析奠定了基础。该定律是学习化学的基础，学生在学习化学之初都要学习它。

波义耳具有实验天赋，还证实了气体像固体一样是由原子构成的。但是，在气体中，原子距离较远，互不连接，所以它们能够被挤压得更密集些。早在公元前440年，德谟克里特就提出原子的存在，在随后的两千年里人们一直争论这个问题。通过实验，波义耳使科学界相信原子确实是存在的。

27. 牛顿冷却定律

概念：一个热的物体的冷却速率同该物体和周围环境的温度差成正比。

起源：是由英国物理学家艾萨克·牛顿爵士（1642—1727）所提出的一个经验性的关系。

案例：牛顿冷却定律可以帮助我们推断出，在汽车旅馆的房间里发现的一具尸体的死亡时间，只要我们知道房间的温度（可以视作常量）。比方说，你被叫到县城某个角落的犯罪现场，在某个不景气的旅馆的一个房间里发现一个女人躺在地毯上。她的名字叫莫妮卡，她已经死了，尸体温度是80 T，房间温度比较低，是60 T，一个小时后，尸体的温度降至75 T。如果你假定莫妮卡死前的正常体温是98.6 T，那么以上数据就可以帮助你确定她的准确死亡时间。

在发现莫妮卡尸体这一案例中，死亡时间只是个近似值。牛顿冷却定律假定尸体温度是均匀的。然而，事实上，人体的温度并不是均匀的，皮肤显然比内脏要冷一些。尽管如此，应用牛顿冷却定律能够很好地估算一个人的死亡时间。

启示：牛顿冷却定律揭示了任何物体冷却共同遵守的数学规律，并且在提出后应用于各学科研究直到今天。

28. 伯努利流体动力学定律

概念： 运动着的流体的压强势能、重力势能和动能的总和是常量。

起源： 设想有一条管道引导着流体从山坡的顶部向底部稳定地流动。在管道的不同位置，流体所受的压强不同。丹尼尔·伯努利发现了一条描述管道内流体流动的定律，可以将压强、流速和管道中流体的高度联系起来。

案例： 伯努利定律正确解释了为什么当淋浴喷头刚开始喷水时浴帘会向内飘动，因为浴帘内水和空气速度的增加导致了压强的下降。浴帘内外的压强差在浴帘上产生了净压强，于是浴帘就被吸向内侧。

启示： 伯努利公式在空气动力学领域应用广泛，例如研究翼片［比如机翼、螺旋桨叶片、船舵（船舵的形状控制着稳定性或推进力）］上方的流体流动和超音速喷嘴内的流体流动。文丘里喉管（Venturi throat）的设计也用到了伯努利定律。文丘里喉管是化油器气道中起降压作用的收窄部分，气压的降低会把燃油蒸气从化油器的浮筒室中吸出。"文丘里"一词还适用于一种拥有收窄部分的短管，当流体流经该短管时，它可以帮助测量流体的压强和流速。根据伯努利定律，流体在管道直径较小的区域流速增大，使压强减小并产生部分真空。

29. 朗伯辐射定律

概念： 该定律指出，理想漫辐射面的某个区域在任意方向的辐射强度（每单位立体角的光通量）与该辐射方向和辐射面法线方向的夹角的余弦成正比。

起源： 朗伯（1728—1777），瑞士裔德国数学家和物理学家。

启示： 课本常常会展示更多有关朗伯反射面的例子，包括"喷沙乳白玻璃"和"刮光的熟石膏板"。据说这些表面经过了"糙面"精整。对于一个粗糙表面，亮度（luminance）有时通过单位面积辐射的总光通量表示，光通量的单位是流明（lumen）。一个表面每平方厘米辐射1流明，它的亮度就是1朗伯，这是为了纪念朗伯。

我们观察太阳发出的可见光也是朗伯定律应用的一个例子。因为可将太阳看作一个近似的朗伯辐射体，它的亮度在太阳圆盘上几乎到处相同。

30. 波得定则

概念：提丢斯-波得定则（Titius-Bode law），简称"波得定律"，是关于太阳系中行星轨道的一个简单的几何学规则。

起源：它是在1766年德国的一位中学教师戴维·提丢斯（Johann Daniel Titius，1729 —1796）发现的。后来被柏林天文台的台长波得（Johann Elert Bode）归纳成了一个经验公式来表示。

案例：提丢斯-波得定则提出后，有两项发现给了它有力的支持。第一，1781年F.W.赫歇耳发现了天王星，它差不多恰好处在定则所预言的轨道上。第二，提丢斯在当时就预料，在火星和木星之间距太阳2.8天文单位处应该有一个天体。1801年，意大利天文学家皮亚齐果然在这个距离上发现了谷神星；此后，天文学家们又在这个距离附近发现许多小行星。但该定则也有一些不足之处，如对海王星和冥王星的计算值与观测值不符，而且对水星 n 不取为1，而取为 $-\infty$，也难理解。此外，有的卫星同它所属的行星的平均距离也有与提丢斯-波得定则相类似的规律性。关于提丢斯-波得定则的起因，虽有人提出一些解释，但尚无定论。

31. 共振效应

概念：共振效应最初是物理学上的一个定义，摆最重要的特性是它以一种频率，即通常所称的固有频率摆动。当受到外界的干扰而被激励时，它相应的摆动规律则依赖于干扰振频是否和它所希望的一致。这就是人们常说的共振效应。

起源：美国化学家L.Pouling在十九世纪三十年代初提出来的，一种分子结构理论。

启示：物理学中的共振效应。

摆的等时性原理

现在人们公认伽利略发现了摆的等时性原理，那是他在比萨的教堂中观察吊灯摆动现象时引发的结论。按照等时性原理，如果摆的振幅较小，那么摆动的周期同摆动的振幅无关。尽管在伽利略之前的好几个世纪中，等时性早已为阿拉伯人所熟知，但以严谨的科学态度去研究这一现象的科学家还是首推伽利略。他指出摆的周期并不取决于摆线上悬挂物的多少，而只取决于摆线长度的平方根。如果不考虑阻力的影响，悬挂在等长线上的一个软木球或一个铅球的摆动规律是相同的。如果谁想验证一下摆动的规律，只需找一个适当的支架、一根线和一个钓鱼的铅坠，频率增高：拉动摆线活动的一头，缩短摆长，摆的频率即随之增高。

化学中的共振效应

某些分子、离子或自由基不能用某个单一的结构来解释其某种性质（能量值、键长、化学性能）时，我们就用两个或两个以上的结构式来代替通常的单一结构式，这个过程叫共振。

32. 质心运动定理

概念： 动力学普遍定理之一，可表述为：质点系的质心运动和一个位于质心的质点的运动相同，该质点的质量等于质点系的总质量，而该质点上的作用力则等于作用于质点系上的所有外力平行地移到这一点上。

启示： 根据这个定理可推知：①质点系的内力不能影响它的质心的运动；例如跳水运动员自跳板起跳后，不论他在空中再做何种动作，采取何种姿势，由于外力（重力）并未改变，所以运动员的质心在入水前仍沿抛物线轨迹运动；②如果作用于质点系上外力的矢量和始终为零，则质点系的质心做匀速直线运动或保持静止；③若作用于质点系上外力的矢量和在某轴上的投影始终为零，则质点系质心在该轴上的坐标匀速变化或保持不变。

可知： 把实际物体抽象为质点并运用牛顿第二定律，是只考虑物体质心的运动而忽略各质点围绕质心的运动和各质点间的相对运动。

即： 在质点动力学中，我们所研究的"质点"，其实就是物体的"质心"。

33. 欧拉运动定律

概念：欧拉运动定律是牛顿运动定律的延伸，可以应用于多粒子系统运动或刚体运动，描述多粒子系统运动或刚体的平移运动、旋转运动分别与其感受的力、力矩之间的关系。

起源：在艾萨克·牛顿发表牛顿运动定律之后超过半个世纪，于1750年，莱昂哈德·欧拉才成功地表述了这定律。

启示：欧拉第一定律表明，从某惯性参考系观测，施加于刚体的合外力，等于刚体质量与质心加速度的乘积。

欧拉第二定律表明，设定某惯性参考系的固定点O（例如，原点）为参考点，施加于刚体的净外力矩，等于角动量的时间变化率。

欧拉运动定律也可以加以延伸，应用于可变形体（deformable body）内任意部分的平移运动与旋转运动。

在可变形体内部任意位置的内力密度不一定一样，也就是说，其内部存在有应力分布。这内部的内力的变化是由牛顿第二定律主控。通常，牛顿第二定律是应用于计算质点或粒子的动力运动，但在连续介质力学里，被加以延伸后，可以应用于计算具有连续分布质量的物体的运动行为。假设将物体模型化为由一群离散粒子组构而成，每一个粒子的运动都遵守牛顿第二定律，则可以推导出欧拉运动定律。不论如何，欧拉运动定律也可以直接视为专门描述大块物体运动的公理，与物体结构无关。

34. 多普勒效应

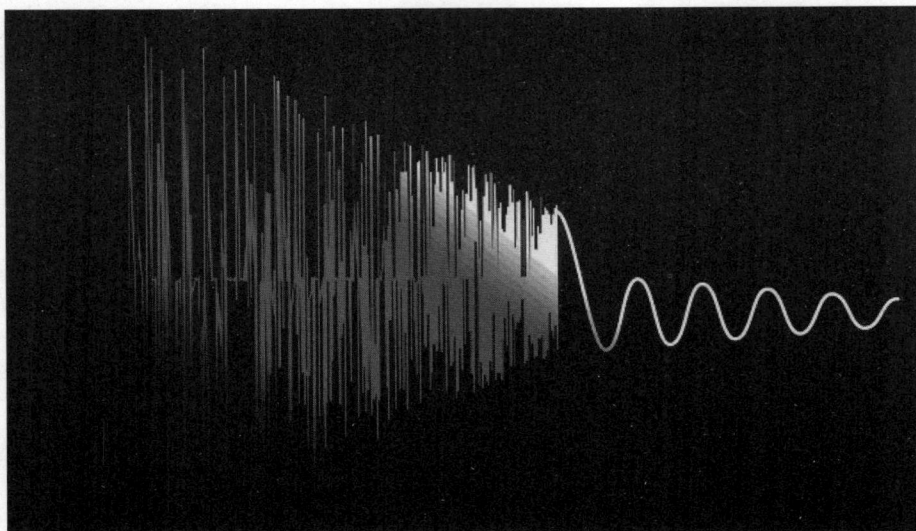

概念： 物体辐射的波长因为波源和观测者的相对运动而产生变化。

起源： 多普勒效应Doppler effect是为纪念奥地利物理学家及数学家克里斯琴·约翰·多普勒（Christian Johann Doppler）而命名的，他于1842年首先提出了这一理论。

案例： 生活中有这样一个有趣的现象：当一辆救护车迎面驶来的时候，听到声音比原来高；而车离去的时候声音的音高比原来低。你可能没有意识到，这个现象和医院使用的彩超同属于一个原理，那就是"多普勒效应"。

声波的多普勒效应也可以用于医学的诊断，也就是我们平常说的彩超。彩超简单地说就是高清晰度的黑白B超再加上彩色多普勒，首先说说超声频移诊断法，即D超，此法应用多普勒效应原理，当声源与接收体（即探头和反射体）之间有相对运动时，回声的频率有所改变，此种频率的变化称之为频移，D超包括脉冲多普勒、连续多普勒和彩色多普勒血流图像。彩色多普勒超声一般是用自相关技术进行多普勒信号处理，把自相关技术获得的血流信号经彩色编码后实时地叠加在二维图像上，即形成彩色多普勒超声血流图像。由此可见，彩色多普勒超声（即彩超）既具有二维超声结构图像的优点，又同时提供了血流动力学的丰富信息，实际应用受到了广泛的重视和欢迎，在临床上被誉为"非创伤性血管造影"。

为了检查心脏、血管的运动状态，了解血液流动速度，可以通过发射超声来实现。由于血管内的血液是流动的物体，所以超声波振源与相对运动的血液间就产生多普勒效应。血管向着超声源运动时，反射波的波长被压缩，因而频率增加。血管离开声源运动时，反射波的波长变长，因而在单位时间里频率减少。反射波频率增加或减少的量，是与血液流运速度成正比，从而就可根据超声波的频移量，测定血液的流速。

35. 角动量守恒定律

概念：对一固定点，质点所受的合外力矩为零，则此质点的角动量矢量保持不变。这一结论叫做质点角动量守恒定律。

阐释：物理学的普遍定律之一。例如一个在有心力场中运动的质点，始终受到一个通过力心的有心力作用，因有心力对力心的力矩为零，所以根据角动量定理，该质点对力心的角动量守恒。因此，质点轨迹是平面曲线，且质点对力心的矢径在相等的时间内扫过相等的面积。如果把太阳看成力心，行星看成质点，则上述结论就是开普勒行星运动三定律之一的开普勒第二定律。

一个不受外力或外界场作用的质点系，其质点之间相互作用的内力服从牛顿第三定律，因而质点系的内力对任一点的主矩为零，从而导出质点系的角动量守恒。如质点系受到的外力系对某一固定轴之矩的代数和为零，则质点系对该轴的角动量守恒。角动量守恒也是微观物理学中的重要基本规律。在基本粒子衰变、碰撞和转变过程中都遵守反映自然界普遍规律的守恒定律，也包括角动量守恒定律。W. 泡利于1931年根据守恒定律推测自由中子衰变时有反中微子产生，1956年后为实验所证实。

36. 惯性原理

概念： 一个不受任何外力（或者合外力为0）的物体将保持静止或匀速直线运动。

起源： 惯性原理是伽利略在1632年出版的《关于托勒密和哥白尼两大世界体系的对话》书中发表的，它是作为捍卫日心说的基本论点而提出来的。

阐释： 根据亚里士多德的物理学，保持物体以均速运动的是力的持久作用。但是伽利略的实验结果证明物体在引力的持久影响下并不以匀速运动，而是相反地每次经过一定时间之后，在速度上就有所增加。物体在任何一点上都继续保有其速度并且被引力加剧。如果引力能够截断，物体将仍旧以它在那一点上所获得的速度继续运动下去。伽利略在金属球在斜面滚动的实验中观察到，金属球以匀速继续滚过一片光滑的平桌面。从以上这些观察结果就得到了惯性原理。这个原理阐明物体只要不受到外力的作用，就会保持其原来的静止状态或匀速运动状态不变。

但伽利略的惯性观点仍和当今我们所理解的惯性不同。伽利略所阐述的惯性概念是"圆弧惯性"或者说水平惯性，也就是说，物体在不受外力的影响下将会沿水平方向做曲线运动，实际上是沿着围绕地球的圆弧（水平线）移动。

伽利略的惯性原理是近代科学的起点，它摧毁了反对哥白尼的所谓缺乏地球运动的直接证据的借口。

37. 帕斯卡定律

概念： 是流体静力学的一条定律，它指出，不可压缩静止流体中任一点受外力产生压强增值后，此压强增值瞬时间传至静止流体各点。

起源： 帕斯卡定律由法国B.帕斯卡在1653年提出，并利用这一原理制成水压机。

案例： 帕斯卡定律在生产技术中有很重要的应用，液压机就是帕斯卡原理的实例。它具有多种用途，如液压制动等。

若一个流体系统中有大小两个活塞，在小活塞上施以小推力，通过流体中的压力传递，在大活塞上就会产生较大的推力。据此原理，可制造水压机，用于压力加工。

制造千斤顶，用于顶举重物；制造液压制动闸，用于刹车等。人们利用这个定律设计并制造了水压机、液压驱动装置等流体机械。

38. 阿伏加德罗定律

概念：在相同的温度和压强下，相同体积的任何气体都含有相同数目的分子。所以又叫四同定律，也叫五同定律或克拉贝隆方程（五同指同温、同压、同体积、同分子个数、同物质的量）。

起源：1811年由意大利化学家阿伏加德罗提出假说，后来被科学界所承认。

阐释：理想气体（即气体分子无体积，各分子间无作用力。P.S：在高温高压下，许多气体都接近于理想气体），可以是单一气体，也可以是混合气体。可以是单质气体，也可以是化合物气体。

阿伏加德罗定律及推论都可由理想气体状态方程及其变形推出（压强、体积、绝对温度、物质的量、气体常数、密度）。由定律可导出："一连比、三正比、三反比"的规律。

1. "一连比"

指在同温同压下，同体积的任何气体的质量比等于摩尔质量（相对分子质量）之比，等于密度比。

2. "三正比"

（1）同温同压下，两气体的体积之比等于其物质的量之比，等于其分子数之比。

（2）同温同体积下，两气体的压强之比等于其物质的量之比，等于其分子数之比。

（3）同温同压下，两气体的密度之比等于其摩尔质量（又称相对分子质量）之比。

3."三反比"

（1）同温同压同质量下，两气体的体积与其摩尔质量（相对分子质量）成反比。

（2）同温同分子数（或等物质的量）时，两气体的压强与其体积成反比。

（3）同温同体积同质量下（同密度时），两气体的压强与其摩尔质量（相对分子质量）成反比。

启示： 这一定律揭示了气体反应的体积关系，用以说明气体分子的组成，为气体密度法测定气态物质的分子量提供了依据。对于原子分子说的建立，也起了一定的积极作用。

39. 理想气体状态方程

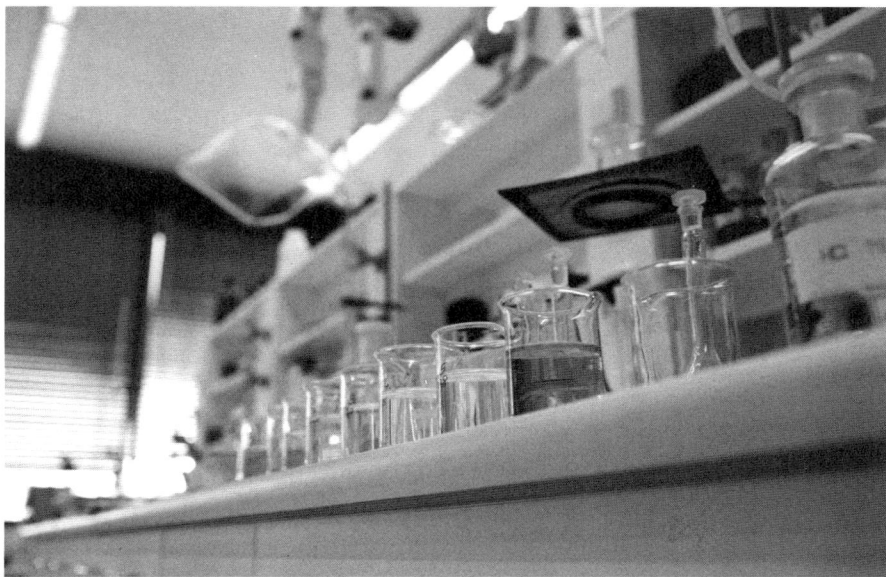

概念： 理想气体状态方程，又称理想气体定律、普适气体定律，是描述理想气体在处于平衡态时，压强、体积、物质的量、温度间关系的状态方程。

起源： 它建立在波义耳-马略特定律、查理定律、盖-吕萨克定律等定律的基础上，由法国科学家克拉珀龙（Benoit Pierre Emile Clapeyron）于1834年提出。

案例： 利用理想气体状态方程，巧妙地平衡了内外压差，设计出了一种较为新颖的大气压强测量方法。最大的特点在于规避了以往测量大气压强方法中的弊端，做到了实验材料绿色环保，取材方便的同时，实验过程安全易行。同时实验过程直观体现了大气压强的实际效应，实验测量的最终数值结果，满足大气压强的定性测量要求。

根据理想气体状态方程的"在气体的质量、性质及绝对温度不变的情况下，气体的压强与体积成反比"的这个结论，提出了一个测试容积的方案：首先在一个标准容器内注入一定量经过过滤的压缩空气，测得一个压强值，再将其与被测容器联通起来，测得联通后的压强值，根据前面推导出来的结论，轻而易举地就可以计算出被测容器的容积了。

40. 咖啡环效应

概念：是指当一滴咖啡或者茶滴落桌面时，其颗粒物质就会在桌面上留下一个染色的污渍，并且污渍的颜色是不均匀的，边缘部分要比中间更深一些，形成环状斑的现象。

起源：1997年宾夕法尼亚大学物理学家揭开了"咖啡环"效应，主要原因是液渍颗粒外形的影响以及流动方向的问题。

　　案例：研究人员还试验了由球形颗粒和椭球形颗粒的混合物，观察颗粒的流动性是否受到相互影响。这样的试验对照是很有意义的，如果我们能确认球形颗粒与椭球形颗粒之间存在相互影响，那我们只要撒上具有椭球形颗粒的物质就可以影响咖啡环效应了。但是，实验结果却是时而可行，时而不可行。这项实验的研究目的就是为了了解颗粒形状是否影响失水过程，这项技术可以用于印刷或者绘画领域，而且在许多涂料以及危险化学品方面也同样适用。

参考文献

[1] 何圣静. 物理定律的形成与发展[M]. 北京：测绘出版社，1988.

[2] 田俊民. 科海拾贝：牛顿力学及其物理定律[M]. 北京：中国标准出版社，2007.

[3] 彭罗斯，许明贤，吴忠超. 皇帝新脑：有关电脑、人脑及物理定律[M]. 长沙：湖南科学技术出版社，1996.

[4] 徐秀贤. 巧妙进行课堂设计，让学生轻松学好物理定律：以"基尔霍夫定律"为例[J]. 辽宁高职学报，2012（9）:33-34.

[5]Feynman R. 物理定律的特性[M]. 台湾中华书局，1972.

[6] 崔大祥. 怎样学好物理定律[M]. 北京：电子工业出版社，1986.

[7] 卢银中. 初中化学定律概念与疑难透析[M]. 长沙：湖南少年儿童出版社，2013.

[8] 孔爽. 高中化学教材经验定律和理论定律呈现方式的特点分析[D]. 东北师范大学.

[9] 王俊超. 库仑定律在化学中的应用[J]. 读写算：教研版，2012，2（19）：111.

[10] 杨留华. 等比定律在化学计算中的应用[J]. 化学教学，2004（12）：43-44.

[11] 贾长勤. 一个崭新的自然哲学定律[J]. 跨世纪：学术版，2008，16（8）：41-42

[12] 李春光. 从五定律到新五律的哲学思考[J]. 图书与情报，2004（5）：10-11.

[13] 张穹. 人生哲学的六大定律：高尔夫运动的人生感悟[M]. 线装书局，2011.

[14] 永存. 修正牛顿四大定律的哲学意义[J]. 赣南师范大学学报，1988（S1）：28-30.

[15] 徐宗武. 物理定律中的哲学[J]. 新课程·下旬，2015（5）：176-177

[16] 布洛赫. 墨菲定律[M]. 曾晓涛，译. 太原：山西人民出版社，2012.

[17] 李原. 墨菲定律[M]. 北京：中国华侨出版社，2014.

[18] 赵春国. 海恩法则和墨菲定律[J]. 安全，健康和环境，2009，9（1）：51.

[19] 西武. 木桶定律[M]. 北京：机械工业出版社，2004.

[20] 西武. 木桶定律[J]. 中国高新技术企业，2006（1）：90.

[21] 王选. 卢维斯定理[J]. 人才资源开发，2011（12）：84.

[22] 基莱. 科学研究的经济定律[M]. 石家庄：河北科学技术出版社，2002.

[23] 管理. 简单却容易忽视的四条管理定律[J]. 北京石油管理干部学院学报，2012（4）：61.

[24] 诺斯古德·帕金森. 不可不知的管理定律[M]. 北京：中国商业出版社，2004.

[25] 胡彩红. "二八定律" 在高中英语教育教学中的运用[C]// 2017 年课堂教学教育改革专题研讨会论文集. 2017.

[26] 龙吻. 世界上最神奇的30个教育定律[M]. 北京：朝华出版社，2012.

[27] 吴宝科. 北大成才黄金定律：家庭教育黄金法则[M]. 北京：现代出版社，2006.